KB234266

확신의 함정

확신의 함정

금태섭 변호사의 딜레마에 빠진 법과 정의 이야기

한겨레출판

언제나 너에게

누 구 나 틀 릴 수 있 다

스스로 항상 옳다고 말할 수 있는 사람이 있을까? 아니, 찰나의 순간이라도 절대적으로 옳다고 자신할 수 있는 사람이 있을까?

　초임 검사 시절 특이한 피의자를 조사한 일이 있다. 범죄 내용은 간단했다. 한 젊은 남자가 길에 주차되어 있던 그랜저를 훔친 것이다. 단 한 가지 이상했던 점은 애초에 차 주인이 주차한 곳과 피의자가 차를 훔친 곳이 달랐다는 것이다. 멀리 떨어진 곳은 아닌데, 예를 들자면 차 주인은 문을 잠근 채 용산에 차를 세워두었는데 피의자는 서울역 앞에서 문이 잠기지 않은 차가 주차되어 있던 것을 보고 순간적으로 탐이 나서 훔쳤다는 식이다.

범행을 부인하는 것은 아니었고, 착각이거나 단순한 착오가 아닐까 싶었다. 중간에 다른 사람이 훔쳤을 수도 있고, 혹은 차 문이 잠기지 않았었다고 하면 가벼운 처벌을 받지 않을까 해서 피의자가 거짓말을 한 것일 수도 있다고 생각했다. 어찌 되었든 피의자 주장대로 하더라도 엄연히 절도죄는 성립하니 까 큰 문제는 아니었다.

특이한 점은 범죄 내용이 아니라 피의자 본인의 사정이었 다. 30대 초반이었던 그는 10대 후반에 교도소에 들어가서 12 년을 꼬박 복역하고 30대가 되어서야 출소한 사람이었다. 나 온 지 몇 달 되지 않은 상태에서 길에 고급차가 서 있는 것을 보고 훔친 것이다.

피의자는 흉악한 죄를 저질러서 12년이나 수감생활을 한 것 은 아니었다. 10대 중반부터 이런저런 죄를 저질러서 교도소 를 드나들다가 다시 5년형을 선고받으면서 보호감호 처분을 받아서 12년을 살게 된 것이다. 그 시절에는 3회 이상 죄를 저 질러서 실형을 받게 되면 7년의 보호감호에 처할 수 있도록 되어 있었다. 보호감호는, 이름은 징역과 다르지만, 실제로는 징역보다 더 심한 처벌이다. 삼엄하기로 이름난 청송감호소에 서 꼬박 7년을 살아야 한다.

그 피의자는 열아홉 살에 징역 5년을 선고받았는데(징역 5년

이 가벼운 형벌은 아니지만, 그렇다고 엄청나게 큰 죄를 저지른 것을 의미하지는 않는다), 거기다 보호감호 7년을 더해서 12년을 살고 서른한 살에 출옥한 것이다. 내 앞에 온 피의자는 아무 말 없이 그야말로 하염없이 울었다. 나도 참 뭐라고 할 말이 없었다. 피의자는 당시 나보다 두세 살 많았는데 30여 년 인생의 절반을 감옥에서 보낸 것이다.

초범이 아니니 최소한 3년은 구형을 해야 했다. 그리고 보호감호 청구를 해야 했다. 법률상 반드시 보호감호 청구를 해야 하는 것은 아니었지만(그 이전에는 반드시 해야 하던 시절도 있었다), 보호감호 요건에 해당하는데 청구를 안 하면 감사에서 지적받을 수도 있었다. 이 사건의 경우 검사가 보호감호 청구를 하면 판사가 기각하기 어려웠다. 재범의 위험성이 있으면 보호감호를 선고해야 하는데, 12년을 갇혀 있다가 출소 몇 달 만에 다시 차를 훔치는 사람에 대해서 재범의 위험성이 없다고 하기는 어렵기 때문이다.

징역 3년을 구형하면 법원에서는 아마도 1년 6월쯤 선고할 것이었다. 보호감호 청구를 한 피고인을 집행유예로 풀어줄 수는 없다. 그러면 그 피의자는 징역 1년 6월 더하기 보호감호 7년, 도합 8년 6개월을 살아야 하는 것이다. 10대에 감옥에 들어가서 30대에 나왔다가, 몇 달 후 다시 들어가서 마흔

살이 다 되어 나오게 되는 것이다. 무슨 살인죄를 저지른 것도 아니었다. 하염없이 우는 심정이 이해가 갔다.

변호인이 찾아왔다. "금 검사, 풀어달라는 것은 아니야. 하지만 인간적으로 너무하지 않나. 보호감호 청구를 하면 꼼짝없이 또 10년 가까이 살아야 하는데, 죽을죄를 지은 것도 아니잖아."

과거 전과를 찾아봤다. 너무 오랜 시간이 지나서 기록을 찾기가 어려웠다. 전산으로 죄명을 확인해봤는데 폭력, 절도 등 흔한 것이었다. 살인, 강간 등 엄청난 죄명은 없었다.

고민 끝에 보호감호 청구를 안 하기로 결정했다. 원래부터 보호감호 제도에 대해서 위헌이거나 최소한 비합리적인 것이라는 생각을 하고 있기도 했지만(그 생각은 지금도 변함이 없다), 특히 이 경우는 너무한다 싶었다. 무슨 장발장도 아니고, 12년을 살고 나온 지 얼마 되지도 않았는데 주차된 차 한 대 훔쳤다고 또 10년 가까이 살아야 하다니.

부장님이나 차장님의 결재도 통과했는데, 나와 같은 생각을 하신 것인지 혹은 보호감호 요건에 해당한다는 것을 놓치신 것인지는 잘 모르겠다. 피의자의 변호인이 연세 많고 사람 좋은 분이셨는데 찾아와서 무척 고마워하던 기억이 난다. 나까지 기분이 좋았다. 스스로 인간적인 검사라는 생각이 들었다.

몇 달 후, 신문을 보던 나는 깜짝 놀랐다. 차에서 데이트를 하는 남녀를 상대로 여러 차례 납치강도를 저지른 일당의 신원이 드러나서 그중 몇 명은 경찰에 잡히고 남은 한 놈이 쫓기고 있다는 뉴스였는데, 도망 다니는 놈의 이름이 바로 그 피의자의 이름과 같았던 것이다. 특이한 이름이어서 틀림없었다. 기사를 자세히 읽어보니 보호감호를 받고 나오자마자 범행을 저지르기 시작했다는 것이었다. 같이 범행을 저지른 공범도 모두 보호감호소에서 만난 사람들이었다.

다시 그 사건을 확인해봤다. 내가 보호감호를 청구하지 않자 판사도 그 친구의 사정을 딱하게 여겨서 집행유예를 선고해줬다. 그는 그 길로 나가서 계속 납치강도 행각을 벌인 것이다. 좀 더 자세히 확인해보니 그랜저를 훔친 것도 강도 행각을 위한 것이었다. 출소 직후부터 길에 주차된 차를 훔쳐서 데이트하는 남녀를 상대로 납치강도를 해오다가, 다시 똑같은 짓을 하려고 그랜저를 훔쳤는데 우연히 걸린 것이다. 그가(혹은 공범이) 훔친 차는 그 한 대가 아니었다. 과거의 수사 기록을 뒤져봤다. 폭행, 절도로만 생각했던 사건 내용을 자세히 보니 차를 훔쳐서 데이트하는 남녀를 유인해 폭행을 하고 돈을 빼앗은 것이었다. 범행 수법도 잔인하기 짝이 없었다. 내 앞에서 말도 못 하고 하염없이 울던 피의자는 그런 놈이었다.

뭐라 말할 수 없는 후회와 죄책감을 느꼈다. 차라리 아무 생각 없이 매뉴얼대로 보호감호를 청구했더라면 변호인은 꽉 막힌 놈이라고 욕을 했겠지만 더 이상의 피해자는 없었을 것 아닌가. 얼마 후 그 피의자가 결국 검거된 후에 기자한테 전화가 왔다. 범인이 구속이 되었는데 왜 풀어줬느냐는 것이었다. 풀어주다니 무슨 말이냐, 나는 구속기소했는데 판사가 집행유예를 선고한 것이다, 라고 했다. 혀를 깨물고 싶었다.

그 후 나는 가끔 만일 당시 부장님이나 차장님이 결재 과정에서 보호감호 청구를 지시했다면 어떻게 되었을까 생각하곤 했다. 검사가 된 지 채 2년이 안 된 내가 지시에 따르지 않기는 어려웠을 것이다. 보호감호 청구를 하지 않으면 감사에 지적을 받는데 무작정 거부할 수도 없다. 그러면 그 친구는 9년 가까이 수감되어 있었을 것이고, 나는 영원히 그 친구가 그런 놈이었다는 것을 몰랐을 것이다. 물론 그 후 몇 년 동안, ○○○ 부장 참 지독한 사람이다, 이러저러한 사건에서 끝까지 보호감호 청구를 하라고 하더라, 라고 떠들고 다니면서 '인간적인(!)' 후회를 했을 것이다. 그러나 그 경우, 추가적인 피해자는 없었을 것이다.

좀 더 많은 시간이 지난 후 나는 다시 그 사건 생각을 한다. 과연 내가 진짜 잘못한 것이 무엇일까? 무조건 매뉴얼대로 보호감호 청구를 해야 했을까? 그렇게 생각하지는 않는다. 그런 생각 자체가 진짜 내 잘못을 짐짓 외면하기 위한 위선적인 변명에 지나지 않는다.

내가 진짜 잘못한 것은, 선입견에 사로잡혀서 성실하게 팩트를 확인하는 일을 게을리했다는 것이다. 나는 좀 더 끈질기게 사실을 확인했어야 한다. 분명히 피해자는 차 문을 잠근 채 용산에 주차했다고 하는데, 어째서 피의자는 서울역 앞에서 문이 열린 채 서 있는 차를 타고 갔다고 했을까? 피의자가 그렇게 주장한 이유는 아직도 모른다. 하지만 분명히 이유가 있었을 것이다. 이 모순을 파고들었다면 피의자의 행적을 밝힐 수 있었거나 공범의 존재를 알게 되었을지 모른다.

또한 보호감호를 받고 12년을 살고 나온 피의자의 처지를 동정해서 풀어주고 싶었다면, 청송감호소에서 나온 이후에 어떻게 살았는지, 왜 갑자기 길에 서 있는 차를 타고 갔는지 좀 더 치밀하게 생각해보았어야 한다. 사실 길에 서 있는 차를 보고 순간적으로 훔친다는 것이 흔히 있을 수 있는 일은 아니다. 그렇게 오래 수감생활을 했다면, 다시는 죄를 저지르지 않겠다, 교도소 근처는 쳐다보지도 않겠다, 라는 생각을 할 가능성이 높은데 단순히 호기심이나 부러움으로 차를 훔쳤다고 한다면 한 번 더 생각해보았어야 했다. 하지만 나는 그저 뻔한 사연이라고 생각한 것이다.

과거에 피의자가 저질렀던 사건도 좀 더 확인해봤어야 한다. 조금만 더 시간을 갖고 찾아봤다면, 피의자가 예전에도 차를 이용해서 흉악한 범죄를 저지른 것을 알아냈을 것이고, 그렇다면 피의자가 그 그랜저를 훔친 진정한 동기를 알게 되었을 것이다. 하지만 나는 그저 불쌍한 놈이 좋은 차를 타고 싶었을 것이라고 지레짐작했다.

이 사건을 겪고 나서, 나는 판단을 그르치게 되는 가장 큰 원인은 선입견, 오만, 그리고 불성실이라고 생각하게 되었다. 7년간 보호감호를 받게 하는 것은 나쁜 것이라는 선입견(물론 나쁜 것이다. 하지만 보호감호가 잘못된 제도라고 해서 그 선입견으로 말미암아 팩트에 대한 판단을 게을리하는 데 대한 변명이 될 수는 없다), 척 보면 사건의 전말을 안다는 오만, 그리고 당연히 확인해야 할 내용을 확인하지 않은 게으름이 판단착오를 불러온 것이다.

만일 내가 성실하게 수사를 해서 피의자가 당시 납치강도 행각을 벌이는 중이라는 사실을 알아냈다면 보호감호 청구를 하지 않으면서도 피의자의 범행을 밝혀서 실형을 받게 할 수 있었을 것이다. 내 소신을 지키면서도, 사건을 바르게 처리할 수 있었을 것이다. 하지만 나는 잘못을 했고 그 이후에 추가적인 피해가 발생하는 것을 막지 못했다. 나로 인한 피해라고까지 생각하지는 않지만, 내가 잘했으면 그런 일은 없었을 것이다.

누구나 틀릴 수 있다. 사건을 수사하거나 변론을 하다보면, 분명히 내 판단이 맞는다고 생각하는데 질 때가 있다. 의뢰인 이 물론 가장 억울하겠지만, 어떤 경우에는 나도 너무 분해서 잠이 안 올 때가 있다. 그러나 누구라도, 자신의 판단이 반드 시 옳다고 말할 수 있는 사람은 없다. 저 사건을 처리할 때 나 는 내가 인간적이고 합리적인 결론을 내렸다는 데 한 치의 의 심도 없었다. 그렇지만 나는 틀렸고, 또 틀렸을 뿐만 아니라 그 사실을 너무 늦게 알았다.

이 책은 누구나 틀릴 수 있다는 전제에서, 다양한 문제를 여 러 가지 방향에서 바라보고 쓴 글이다. 앞서 본 사건에서 나는 사실관계를 실제와 다르게 파악하는 잘못을 저질렀지만 사실 관계뿐만 아니라 어떤 것이 옳은 것인지 판단해야 할 때도 똑 같은 실수를 할 수 있다. 역시 잘못된 선입견이 개입하면 누구 라도 치명적인 오류를 범하게 된다. 때문에 우리는 어떤 문제 의 답을 찾으려 할 때 아무리 그럴듯해 보이는 결론이라도 일 단 의심해볼 필요가 있다.

더욱이 해법을 찾아내기 위해서는 깊은 고민이 필요한 복잡 한 문제에 있어서는 더 말할 나위가 없다. 이 책에서 다루는 사형존폐론, 성매매를 둘러싼 논쟁, 교육현장에서의 체벌, 종교와 문화의 충돌, 과학의 영역에 대한 법과 윤리의 관여 등은 한마디로 정답을 말하기 어려운 문제들이다. 어떤 의견이 옳은지 쉽게 말할 수 없고 시간이 지나면 답이 달라질 수 있다. 그럼에도 불구하고 우리 사회에서는 아직도 모든 문제에는 하나의 정답이 있고 모든 사람이 그 정답을 따라야 한다는 시각이 상당한 힘을 발휘하고 있다. 나는 그런 시각에 이의를 제기하고 싶었다.

상호 충돌하는 주장을 다양한 방향에서 분석해보려고 노력했지만, 그렇다고 해서 얄팍한 불가지론을 대안으로 내세우려는 것은 아니다. 분명 답은 있다. 그러나 성급하게 결론을 내리려 들거나 서두른다고 해서 답을 빨리 찾을 수 있는 것은 아니다. 때로는 답이 하나가 아닐 수도 있다.

법률가로서 무엇이 옳은가, 어떤 것이 정의인가를 고민할 때 많은 도움을 받은 것은 이론적인 해설이나 훈계조의 가르침이 아니라 날것 그대로의 '이야기'였다. 소설이나 영화 혹은 실제 현실에서 벌어지는 사건을 보면 아무리 간단해 보이는 일도 나름의 모순을 가지고 있고, 그 해결을 모색하는 과정에서 조금씩 눈이 깊어지는 것을 느끼게 된다. 이 책에서 말하려고 한 것을 다양한 이야기를 통해서 늘어놓아 본 것도 그 때문이다. 모든 이야기에는 양면성이 있고 나름의 딜레마가 있다. 해결하기 어렵고 복잡한 모순 속에서 조금씩 진실에 접근하는 즐거움을 독자들과 나눌 수 있다면 글쓴이로서는 더 이상의 기쁨이 없겠다.

2011년 6월

금태섭

차 례

3 확신의 순간에 빠지는 함정

4 국가와 정의라는 알리바이

1

악마의 종족은
따로 있는가

"오, 하나님.

오, 하나님.

제발 저를

죽지 않게 해주세요."

—존 파울스 《콜렉터》

흉악범에 대한
사형은 정당한가

대학 시절 전자공학과를 다니던 친구가 가까운 시일 안에 판
사·검사·변호사가 없어질 것이라는 말을 한 적이 있다. 어
떤 사건이 일어났을 때 고려해야 할 요소를 컴퓨터에 입력하
면 바로 결과가 나오기 때문에 법률가가 할 일이 없게 된다는
얘기였다. 남의 밥줄이 끊어질 것이라는 무시무시한 말을 그
렇게 쉽게 하는 것이 괘씸하기도 했지만, 아직 개인용PC도 드
물던 때라 실감이 나지 않아 반박을 했다. 간단해 보이는 사건
도 따져보아야 할 것이 얼마나 많은데, 또 똑같은 사건이란 있
을 수 없는데 어떻게 컴퓨터로 재판을 하는 것이 가능하겠느
냐고 물었다. 친구는 무식한 문과 놈은 하는 수 없다는 표정을
짓더니, 컴퓨터는 우리가 상상할 수 없을 정도로 발전할 것
이고 제아무리 많은 변수가 있다고 해도 모두 입력이 가능하

기 때문에 그런 걱정은 할 필요가 없다는 대답을 했다.

친구의 예언은 반은 맞고 반은 틀렸다. 인터넷이 출현하고 클릭 몇 번으로 세계 각국의 판례를 검색할 수 있는 시대가 온 것은 사실이다. 법학을 전공하지 않은 사람도 양식을 다운받아서 그럴듯한 소장(訴狀)을 작성할 수 있게 되었고 사회적 이슈가 되는 판결문은 인터넷에 원문이 실려서 누구나 댓글로 의견을 달고 있다. 하지만 법률가들은 아직 건재하다. 오히려 사법시험 합격자 수는 그때보다 몇 배로 늘어났고, 최근에는 로스쿨 제도를 도입해서 더 많은 법률가를 배출하려 한다. "여보게 친구, 우리도 아직 밥은 먹고 산다네."

법률가라는 직업이 없어지지 않은 것은 우리가 컴퓨터보다 더 빠르고 합리적인 결정을 내릴 수 있을 정도로 우수하기 때문은 아니다. 그것은 사람이 벌이는 일이 기계로 계산할 수 있을 만큼 단순하지 않기 때문이다. 흔히 법은 상식에 부합해야 한다고 하고 일단 사실관계를 완벽히 파악하면 해답을 찾기는 어렵지 않다고 생각하지만, 실제 사건은 그렇게 쉬운 결론을 허락하지 않는다. 극단의 형벌, 사형을 선고받는 사건들도 그렇다.

동정의 여지가 없는 사형수라면

소설이나 영화에 등장하는 사형수들은 대개 억울한 사연을 가지고 있다. 스티븐 킹의 《그린 마일》에서 사형을 당하는 존 카피는 실제로 살인 사건을 저지르지 않은 사람이고, 공지영의 《우리들의 행복한 시간》의 주인공 정윤수는 강도살인죄를 저질렀지만 어린 시절 받은 심한 학대를 생각하면 범죄의 세계에 빠지게 된 것이 이해가 가지 않는 것도 아니다. 그러나 이런 인물들을 떠올리면서 사형제도에 대해 생각하면 자칫 현실을 놓치게 된다. 사형수 중에는 동정의 여지가 거의 없는 사람도 많다. 이런 사람을 놓고 생각해야 사형존폐론을 정면으로 바라보는 것이다. 존 그리샴의 《가스실》에 등장하는 샘 케이홀이 그런 경우에 해당한다. 물론 이런 사람의 경우에도 고민의 깊이와 폭이 달라져서는 안 된다.

샘은 미국 남부 미시시피 주에 사는 KKK단(ku klux klan · 백인우월주의단체로 흑인은 물론 민권운동가에 대한 테러를 일삼았다) 단원이다. 1960년대 미국 남부는 시민권 운동이 활발히 일어나고 있었고 그에 맞서는 KKK단의 폭력도 기승을 부리고 있었다. 1967년 어느 날 샘은 조직의 상급자로부터 민권운동을 하는 유대인 변호사의 사무실을 폭파하라는 지시를 받는다.

원래 계획은 살인을 하는 것이 아니었다. 폭탄은 새벽 4시텅 빈 사무실에 설치되었고 15분 뒤에 터지는 도화선을 사용하게 되어 있었다. 샘과 그의 공범 롤리 웨지는 이전에도 이런 짓을 몇 번 했지만 사람을 다치게 한 일은 없었다. 목적은 겁을 주는 것이었다. 하지만 이날은 달랐다. 샘이 망을 보는 동안 다이너마이트를 설치한 롤리는 무슨 이유에선지 도화선이 아닌 시계 장치를 이용해서 폭탄이 출근 시간에 맞춰 터지도록 해놓고 달아났다. 샘이 모르는 KKK단의 어떤 음모가 있었던 것인지 아니면 롤리가 독자적인 행동을 한 것인지는 분명하지 않다. 그날 아침 피해자인 변호사는 다섯 살 된 아들 쌍둥이를 데리고 사무실에 왔다. 폭발로 두 아이는 즉사했고 변호사는 두 다리를 절단하는 중상을 입었다(그는 나중에 이혼하고 정신병원에서 자살한다). 예상한 시간에 폭탄이 터지지 않은 것을 의아해하며 현장으로 돌아오던 샘은 파편에 부상을 입고 경찰에 체포된다. 그는 살인 혐의로 재판을 받게 된다.

재판은 모두 세 번 열린다. 앞선 두 번의 재판에서 역시 KKK단원인 변호사는 배심원을 백인으로만 채우는 재주를 부렸고, 배심원은 유죄평결을 내리지 못했다. 샘은 사실 살인을 할 의도는 없었고 실제로 폭발 시간을 출근 시간으로 맞춘 것은 공범 롤리였지만, 법정에서 그런 진술을 하지는 않는다. KKK단원으로서 동료를 밀고하지 않겠다는 서약을 했고, 자취를 감췄던 롤리가 심부름꾼을 통해서 자기 이름을 불면 샘의 집을 폭파해 가족을 모두 죽여버리겠다고 위협했기 때문이다.

사건이 발생한 뒤 14년이 지나서 열린 세 번째 재판에서는 상황이 달라졌다. 열혈 검사가 등장했고, 애초 샘에게 폭파를 지시했던 KKK단의 고위 지도자가 탈세 혐의로 수사를 받게 되자 검찰과 협상하기 위해서 샘에게 불리한 진술을 했던 것이다. 시대도 바뀌어 이제 선거인 명부에 등록된 흑인 수는 엄청나게 늘었다. 배심원은 선거인 명부에 오른 사람 중에서 무작위로 선정한다. 백인만으로 배심원을 구성하는 일이 사실상 불가능해진 것이다. 백인 8명, 흑인 4명으로 이루어진 배심원은 샘에게 사형을 선고한다. 샘은 사형수 감방에 수용되어 가스실에 들어갈 날짜를 기다리게 되었다.

억울한 샘의 고해성사

미국은 사형선고 이후의 이의제기 절차가 발달한 특이한 시스템을 가지고 있다. 일단 사형이 선고되더라도 변호사를 선임해 계속 상소를 한다. 주(州)법원과 연방법원을 오가며 판결의 부당성을 지적하기도 하고 재판에서 선임한 변호인이 변론을 잘못했다는 주장을 하기도 하면서 집행을 면하려는 노력을 한다. 주지사에게 감형을 해달라는 청원도 한다. 그 사이에 사형 집행이 몇 년씩 연기되기도 한다. 이런 사건은 변호사가 하는 일 중에 가장 힘겨운 것으로 알려져 있다. 절차가 복잡하고 어렵기도 하지만, 그보다는 자칫 실수를 하면 의뢰인을 죽음으로 내몰 수 있다는 압박감이 주된 이유다. 실제로 대부분의 사건에서 실패하기 때문에 의뢰인이 사형을 당하는 모습을 지켜보게 될 확률이 높다. 의뢰인의 죽음은 변호사가 쉽게 극복할 수 있는 일이 아니다. 거의 모든 사형수가 가난하기 때문에 높은 보수를 받을 수도 없다. 그래서 이런 사건의 상당수는 무료 변론을 자원한 변호사에게 맡겨진다. 사형수 감방에서 9년을 버티면서 상소를 하던 샘에게도 변호사가 한 명 찾아온다. 시카고의 대형 로펌에 갓 입사한 그 젊은 변호사, 애덤 홀은 바로 샘의 손자였다.

샘에게는 아들이 한 명 있었다. 샘이 폭파 사건으로 체포되자 아들은 창피해서 이름을 바꾸고 고향을 떠났다가 유죄판결이 선고된 직후 자살했다. 그에게도 아들이 하나 있었는데, 변호사가 되었고, 고향을 떠난 지 23년 만에 자기 할아버지의 사건을 맡기 위해 돌아온다. 샘은 갓난아기 때 헤어진 손자를 사형수 감방에서 자기의 변호사로 재회하게 된 것이다. 샘의 나이는 일흔이었고 사형집행일은 4주 남아 있었다.

애덤은 의뢰인이 된 할아버지에게 공범의 존재를 털어놓으라고 간청한다. 공범이 한 일이라고 하더라도 법률적인 책임을 면할 수는 없지만, 새로운 사실이 밝혀지면 사형선고가 정당한지 심리를 다시 해야 하고 그 절차를 위해서 판사가 집행일을 유예해줄 가능성이 있었다. 그런 식으로 시간을 벌자는 것이 애덤의 기본 전략이었다. 여러 가지 정황상 공범이 있는 게 분명하고 샘에게 살인 의도는 없었던 것으로 보였지만 샘은 완강하게 공범은 없었다고 말한다. 그에게는 그럴 만한 이유가 있었다. 수십 년간 자취를 감추었던 공범 롤리 웨지가 신분을 속이고 면회를 와서 자기 얘기를 하면 가족을 죽여버릴 것이라고 다시 협박을 했던 것이다. 결국 모든 청원은 기각되고 예정된 집행 시간이 다가왔다.

가스실로 끌려가기 직전 손자가 보는 앞에서 목사에게 고해성사를 하던 샘은 진실을 털어놓는다. 자기는 사람을 죽일 생각이 없었고, 폭발 시간을 출근 무렵으로 맞춘 사람은 공범이라고 말한 것이다. 그러나 그의 고백은 거기서 멈추지 않는다. 그 사건에서는 억울한 벌을 받는 셈이지만, KKK단원으로서 흑인에 대한 린치에 가담해 실제로 흑인 몇 명을 살해했다고 털어놓은 것이다. 충격에 빠진 손자를 뒤로하고 그는 사형집행을 당하기 위해 떠난다.

죽어 마땅하니 형식적인 과정은 필요 없다?

샘 케이홀의 사형을 어떻게 보아야 할까? 그는 동정을 받을 여지가 별로 없어 보이는 사람이다. 지독한 인종차별주의자로 흑인을 몇 명이나 죽였으면서도 크게 뉘우치는 기색을 보이지 않는다. 사형집행이 다가오는 순간에도 자기 소송에 '검둥이'나 유대인 변호사가 관여해서는 안 된다고 고집을 부린다. 하지만 그는 적어도 사형선고를 받은 그 사건에서는 억울하다고 주장할 근거가 충분하다. 어차피 죽어 마땅한 죄인이니 어떤 죄로 유죄판결을 받건 무슨 상관이냐고 가볍게 치부할 수 있을까? 그보다 훨씬 악독한 것이 분명해 보이는 공범 롤리 웨지(그는 사형을 선고받은 샘을 제외한 사건 관계자 전원과 그 가족을 살해했다)는 샘을 위협해서 처벌을 피했다. 가족이 해를 입는 것을 두려워한 샘은 끝까지 공범의 존재를 밝히지 못하고 가스실로 들어갔다. 과연 정의가 이루어진 것이라고 할 수 있을까?

언론매체에서는 '흉악범'의 경우에는 유죄판결을 받기 전이라도 신상을 공개하자는 주장을 끊임없이 해왔다. 법무부에서 이러한 주장을 받아들여 관련 법이 개정되기도 했다. 과연 어떤 범죄가 '흉악범'에 해당하느냐는 질문에 대해서 일부 학자는 "2명 이상이 희생된 연쇄 살인, 어린이 납치 살해, 다중 살인"이라고 구체적인 답변을 내놓기도 했다. 사형집행을 재개하자는 사람들도 비슷한 기준을 제시한다. 그러나 사람의 생명과 인권에 관련된 문제를 그렇게 단순하고 성급하게 처리해서는 안 된다.

실제 벌어지는 사건의 상당수는 샘 케이홀의 경우처럼 상반되는 면을 모두 가지고 있다. 이 이야기에서 읽어내야 하는 것은 모든 사건은 신중하게 다루어야 하고, 특히 돌이킬 수 없는 처벌인 사형에 대해서는 더욱 조심스럽게 접근해야 한다는 것이라고 생각한다. 강력 사건이 벌어진 직후에 단순하기 그지없는 기준으로 극단적인 주장을 하는 것은 컴퓨터가 재판을 할 수 있다고 생각하는 것만큼 가벼운 생각이다. 그런 말을 하는 사람들에게는 샘 케이홀의 사형집행이 정의로운 것이라고 자신 있게 답할 수 있는지 묻고 싶다. 정당한 처벌을 결정하는 것은 결코 단순하지 않다.

거세하면
성범죄가 사라지는가

성폭력범을 거세하면 재범의 위험성이 없어질까? 2003년 어느 날 밤 교도소에서 면도칼을 이용해 스스로 거세를 한 제임스 젠킨스는 그렇게 생각했던 것이 분명하다. 그는 세 건의 성폭력 범죄로 5년을 복역했고 집행유예 조건을 어겼다는 이유로 2년 6개월을 더 살고 있었다. 그런데도 검사는 재범의 위험성이 높다는 이유로 치료시설 구금을 요청할 예정이었다. 젠킨스는 이런 굴레에서 벗어나려면 특단의 조치를 취해야 한다고 생각했다.

그는 법정에 말쑥한 모습으로 출정하고 싶다면서 교도관에게 면도기를 빌렸다. 면도날을 빼들고 샤워부스로 들어간 젠킨스는 비명을 막기 위해 입에 사과를 물었다. 그리고 스스로 거세를 했다. 그의 음낭은 교도소 변기 속으로 사라졌다.

젠킨스가 이런 극단적인 일을 벌인 것은 물론 장기간의 수감을 피하기 위해서다. 성폭력범은 재범을 할 위험성이 있다고 판단되면 형기를 마치더라도 치료시설에 구금되어야 한다는 법이 있었기 때문이다. 젠킨스 본인은 거세가 효과가 있었으며 자신이 한 일을 후회하지 않는다고 말한다. "거세는 정확히 제가 원하는 효과를 가져왔어요. 지난 2년간 어떤 성적인 충동도 느끼지 않았거든요. 예전에 어린 여자애들을 보고 느끼던 변태적인 환상은 사라져버렸어요."

하지만 모든 사람이 그의 생각에 동의한 것은 아니다. 거세를 했음에도 판사는 그를 계속 구금해야 한다는 결정을 내렸다. 담당 검사는 젠킨스가 또다시 성폭행을 할 가능성이 높기 때문에 그를 풀어주는 것은 너무나 위험한 일이라고 주장했다.

거세가 근본적 해결책이 아니라는 주장에는 성폭행을 '성'범죄가 아닌 '폭력'범죄라고 보는 시각도 있다. 젠킨스에게 당한 피해자는 각각 열세 살, 열 살 그리고 여덟 살이었다. 아이들을 대상으로 한 이런 종류의 범죄는 성적 속성보다는 오히려 피해자를 자기 마음대로 괴롭히고 싶어하는 폭력적 행위로 보아야 하지 않을까? 만일 그렇다면 성적 충동을 약화시키거나 성적 능력을 제거한다고 하더라도 위험성은 여전하지 않을까?

성폭력 범죄를 저지른 조지프 프랭크 스미스는 1983년 화학적 거세를 받았다. 그는 화학적 거세의 성공 사례로 TV 다큐멘터리 프로그램에 출연하기까지 했다. 그러나 15년 뒤, 그는 75건의 성폭력 범죄를 저지른 혐의로 다시 구금된다. 이런 사례는 화학적 거세가 근본적 해결책이 될 수 없다는 근거로 제시된다.

최근 우리 사회에 빈발하는 어린이 대상 성폭력 사건에 대해 많은 사람들이 다양한 해결책을 제시한다. 일부 언론은 애꿎은 성매매특별법을 탓하기까지 한다. 2010년 3월 11일 〈중앙일보〉에 실린 기사다. "이 나라엔 성매매금지법이 있다. 여성계 투쟁의 산물이다. (…) 그럼에도 결과는? 성매매가 지하로 숨어들면서 비용이 높아졌다. 가난하고 소외된 젊고 늙은 남자들이 적당한 비용으로 성욕을 해결할 곳이 없어졌다. 이게 잠재적 성폭행 범죄자의 수를 늘리는 것은 아닐까?"

화학적 거세의 도입을 주장하는 목소리도 점차 높아져왔다. 몇몇 국회의원의 발의를 거쳐 법안이 통과되었다. 화학적 거세란 약물을 주입해서 남성호르몬인 테스토스테론을 억제하는 시술이다. 수술을 통해 물리적으로 거세를 하는 시술과는 다르지만 성폭력 범죄를 원천적으로 막겠다는 점에서는 마찬가지다. 물론 주기적으로 약물을 투여해야 하고 중단하면 다시 성적 욕구와 기능이 살아난다. 그러나 일반의 이해는 '거세'라는 단어에 방점을 두어 이 시술을 하면 영구적으로 성기능이 박탈된다고 알고 있는 것으로 보인다.

'루 도 비 코' 주 사 와 안 전 한 인 간

극악한 범죄를 저지른 사람을 '개조'하거나 '무력화'해서 아예 범죄를 저지를 생각도 못하게 하자는 발상은 새로운 것이 아니다. 앤서니 버지스의 《시계태엽 오렌지》는 잔인한 폭력을 자행하는 주인공을 세뇌해서 범죄에 대한 생각도 못하게 만드는 내용의 소설이다.

주인공 알렉스는 폭력적 범죄를 저지르는 데 조금의 가책도 느끼지 않는다. 알렉스와 친구들은 마약을 먹고 그날그날 희생양을 찾아 거리를 배회한다. 단순히 돈을 노리고 범행을 하는 것이 아니라 폭력을 행사하는 데서 기쁨을 느끼기 때문에 금품을 빼앗은 뒤에도 피해자들을 잔인하게 폭행한다. 물론 성폭행도 마다하지 않는다.

하루는 어떤 작가 부부가 사는 집에 침입해 작가를 피투성이로 만들고 부인을 번갈아 강간한다. 어떤 날은 열 살도 안 된 여자아이들과 섹스를 한다. 또 다른 범행 대상을 찾아 혼자 사는 할머니의 집에 침입한 알렉스는 친구들이 망을 보는 사이에 할머니를 무자비하게 폭행한다. 그러나 신고를 받은 경찰이 출동하고, 탈출을 시도하던 알렉스는 친구들의 배신으로 경찰에 체포된다. 중상을 입은 피해자는 병원으로 후송되었지만 생명을 잃는다. 알렉스는 살인죄로 처벌받게 된다.

수감 생활을 하던 알렉스는 어느 날 교도소장으로부터 구미가 당기는 제안을 받는다. 2주 동안 '갱생요법'을 받기로 동의하면 남은 형기를 면제해주겠다는 것이다. 끝이 보이지 않는 형기를 대폭 줄여준다는데 무엇을 망설이겠는가. 알렉스는 소장의 제안을 한 치의 망설임도 없이 받아들인다.

그러나 갱생요법은 말처럼 간단한 것이 아니었다. 알렉스는 매끼 식사 때마다 '루도비코'라는 주사를 맞고 하루 종일 영화를 본다. 의자에 꽁꽁 묶이고 눈꺼풀도 강제로 잡아당겨놓았기 때문에 화면에서 눈을 뗄 수 없다. 상영되는 영화에서는 이루 형언할 수 없이 잔인한 폭력 장면이 쉴 새 없이 되풀이된다. 피투성이가 되도록 노인을 때리는 장면, 여자를 윤간하는 장면, 포로를 고문하다가 살해하는 장면 등 지옥과 다를 바 없는 영상이 알렉스의 눈앞에 펼쳐졌다.

원래의 성격 같으면 참고 볼 수도 있었겠지만, 루도비코 주사의 작용으로 알렉스는 폭력적인 장면을 볼 때마다 엄청난 고통을 느끼게 된다. 2주일이 지났을 때 교도소에서는 일종의 발표회가 열린다. 의사는 알렉스를 자극해서 폭력을 행사하고 싶은 마음이 들게 한다. 옷을 벗다시피 한 여자를 들여보내서 강간을 하고 싶은 충동이 들게도 한다. 알렉스에게는 무기로 쓸 수 있는 면도칼이 주어지지만, 그는 그것을 사용할 수 없다. 2주간 투약한 약물과 강제로 보게 한 영화가 알렉스를 개조시킨 것이다.

그는 이제 폭력적인 일을 하려는 생각만으로도 끔찍한 고통과 메스꺼움을 느낀다. 의사의 지시에 따라 그를 자극하기 위해 폭행을 가하는 남자에게 알렉스는 주머니에 있던 면도칼을 바친다. 성욕을 자극하기 위해 등장한 여자 앞에서는 "이 세상의 사악한 놈들로부터 당신을 보호하고 도와주겠소. 내가 당신의 진정한 기사가 되게 해주시오"라고 말하면서 무릎을 꿇는다. '재범의 위험성'이 없는 안전한 인간이 된 알렉스는 다음 날 석방된다.

그 모습을 지켜본 교도소 소속 신부는 알렉스가 진심으로 변화한 것이 아니라 단지 육체적 고통에 대한 두려움 때문에 괴이한 행동을 하는 것뿐이라고 항의하지만, 의사는 이렇게 대답한다. "그건 아주 사소한 부분이에요. 우리는 동기라든가 고차원적인 윤리에는 관심이 없습니다. 우리는 범죄를 줄이는 것에만 관심이 있지요." 구치소를 나선 알렉스는 몇 차례 자살 기도를 하면서 비참한 생활을 계속한다.

때마다 나오는 강력대책의 효과는?

2006년 서울 용산 어린이 성폭행 살인 사건이 일어났다. 열한 살의 피해자가 동네 이웃 어른에게 성폭행당하고 살해된 사건이다. 2007년 크리스마스에는 경기 안양 초등학생 납치 살인 사건이 있었다. 열 살, 여덟 살인 어린이들이 납치되어 살해당한 사건이다. 피해자들의 토막난 시체는 실종 3개월이 지나서야 발견되었다. 2008년에는 조두순 사건이 있었다. 학교에 가던 여덟 살의 피해자를 화장실로 끌고 가서 잔인하게 성폭행한 사건이다. 피해자는 이 일로 영구적인 장애를 입었다. 그리고 2010년에는 부산 여중생 납치 살해 사건이 일어났다.

이런 사건이 발생하면 사람들은, 당연한 일이지만, 격분하게 된다. 처참하게 희생당한 피해자를 생각하면 짐승 같은 범죄자에게 어떤 처벌이라도 해야 한다는 생각을 갖게 된다. 화학적 거세는 물론 만일 세상에 실제로 존재한다면 '루도비코'를 병째 투약하고 싶은 심정이 든다. 하지만 과연 그것이 의도만큼 효과가 있을까? 그리고 과연 바람직한 해결책일까?

소설에서 알렉스는 '갱생요법'에도 불구하고 결국 원상태로 돌아오게 된다. 루도비코가 완벽한 해결책은 되지 못한 것이다. 무엇보다도 사회가 범죄에 대해 극도의 분노를 느끼는 상황이 아니라면, 대다수 사람은 범죄자를 인위적으로 개조하는

확신의 함정

38

것이 정당하다는 생각을 하지 않는다. 《시계태엽 오렌지》를 영화로 본 사람들이 인터넷에 올린 관람기의 대부분은 알렉스를 세뇌하는 정부 조처를 혐오하는 내용이다. "우리에게도 이런 약이 있어서 범죄자들에게 투여할 수 있으면 얼마나 좋을까"라는 내용의 평은 찾아보기 어렵다.

어린이를 대상으로 한 성폭행 사건이 일어날 때마다 정부에서는 강력한(!) 대책을 내놓는다. 그러다 보면 '화학적 거세' 같은 극단적 방법도 등장하게 된다. 그러나 범죄자의 육체나 정신을 무력하게 만들어 범죄를 방지하려는 시도는, 조금만 이성적으로 생각해보면 수단과 목적이 전도된 방식이라는 것을 깨닫게 된다.

그러면 어떻게 해야 할까? 우리 아이들이 잔인히 희생되는 것을 두고 보아야 하는 걸까? 그렇지는 않다. 2008년 이후 전자발찌를 부착한 성폭력 범죄자 574명 중 재범을 저지른 사람은 1명에 불과하다. 유난히 재범률이 높은 성폭행 범죄의 특징을 생각할 때 0.17퍼센트의 재범률은 경이에 가깝다. 범죄에 대한 예방과 대책은 이렇듯 검증된 방법을 가지고 참을성 있게 마련해나가야 한다. 효과도 확실하지 않은 극단적 방법을 섣불리 선택하면 자칫 돌이킬 수 없는 부작용을 낳을 수도 있다.

누구나 공분하는 성폭력 범죄자에 대해 화학적 거세 방안을 들고 나온 정치인이 단지 인기를 얻거나 실적을 올리려는 시도를 하는 것이라고는 생각하지 않는다. 극단적 방법을 통해서라도 어린이를 대상으로 한 범죄를 막자는 주장에도 충분히 공감이 간다. 그러나 이런 문제일수록 차분한 성찰이 필요하다.

젠킨스 사건을 보도한 〈워싱턴포스트〉 웹사이트에는 한 네티즌이 아동성폭행범은 실명(失明)을 시켜버리자는 댓글을 달아놓았다. 눈을 멀게 하면 화학적 거세보다도 더 원천적으로 재범을 방지할 수 있다는 것이다. 순진무구한 어린이를 대상으로 잔인한 성폭행을 저지르는 범죄자들을 생각하면 솔직히 이런 생각이 안 드는 것도 아니다. 하지만 아무리 심한 범죄를 저질렀더라도 눈을 멀게 할 수는 없다. 화학적 거세도 인간의 육체적 · 정신적 기능을 강제로 박탈한다는 점에서 마찬가지로 찬성하기 어렵다. 힘들더라도 조금 더 신중하고, 조금 더 효율적이고, 조금 더 인간적인 해결책을 찾아야 한다.

아동성폭행범의
맨얼굴

처음 아동성폭행범을 실제로 본 것은 초임 검사 시절이었다. 그날 배당된 구속 사건 기록에 등장하는 피의자는 나와 나이가 비슷한 20대 후반의 청년이었다. 어린이 학습지 판매를 하는 그는 동네에서 놀던 유치원생 여자아이에게 귀엽다고 말하면서 골목길로 데려간 다음 성기에 손가락을 넣는 추행을 했다. 놀란 아이가 울면서 집으로 뛰어가 엄마를 찾는 동안 그 피의자는 도망을 가지도 않았다. 아이에게 자초지종을 들은 엄마는 범인을 찾으러 뛰쳐나왔고, 그는 신고를 받고 출동한 경찰관에게 현장에서 체포되었다.

도저히 이해가 가지 않았다. 물론 소아기호증(pedophilia)이라는 게 있다는 것은 알고 있었다. 나보코프의 《롤리타》를 비롯해 10대 초반의 소녀를 성적 대상으로 묘사한 책들을 읽기도 했다. 하지만 유치원생이라니! 도대체 무슨 생각으로 그 어린아이의 치마 속에 손을 넣는다는 말인가! 그리고 왜 도망가지 않았을까? 내 머리로는 도저히 납득할 수 없었다.

이윽고 수갑을 찬 채 내 앞에 나타난 피의자는 작은 체구에 얌전하게 생긴 남자였다. 왜 그런 짓을 했느냐고 물어봤다. 그는 곤혹스러운 표정을 지으며 이렇게 대답했다. "검사님, 정말 아무도 제 말을 안 믿어주시는데요, 저는 정말 아이들을 좋아합니다. 아이들만 보면 그냥 행복해져요. 학습지 판매도 그래서 시작한 겁니다. 그런 마음에서 그 아이가 너무나 예뻐서 그런 건데…… 진짜 저도 답답합니다……"

황당해서 말문이 막힐 지경이었다. 몇 마디 피의자에게 반박을 하다가 나도 모르게 화가 솟구쳐서 소리를 질렀다. "당신은 애가 귀여우면 거기다 손을 넣나?" 피의자는 잠시 고개를 숙였지만 금세 머리를 들고는 자신을 이해해주지 못하는 내가 너무나 답답하다는 얼굴로 나를 쳐다봤다. 자기가 잘못했다거나 자신에게 무슨 문제가 있다고는 조금도 생각하지 않는 표정이었다. 소름이 쫙 끼쳤다. 어떻게 해서든지 이놈이 무슨 생각을 하는지 알아내야겠다는 생각이 들었다. 뭘 잘못했는지 깨달을 때까지, 다시는 그런 짓을 안 하겠다고 결심할 때까지, 교도소가 되었건 정신병원이 되었건 집어넣고 못 나오게 하겠다고 마음을 먹었다. 적어도 이런 사람이 아이들 학습지를 판매하지 못하도록 만들겠다고 생각했다. 하지만 나는 그날 그 피의자를 석방할 수밖에 없었다. 피해자인 어린아이의 부모가 고소를 취소했기 때문이다.

　지금은 법이 개정되어 어린이를 성폭행하면 고소를 취소해도 처벌을 할 수 있지만, 그때만 해도 아동에 대한 강제추행은 피해자 쪽의 고소가 필요한 '친고죄'였다. 아이에게서 조금이라도 빨리 끔찍한 기억을 지우려는 부모가 고소를 취소한 것이다. 나는 하루도 그 피의자를 잡아둘 수 없었다. 석방지휘서에 도장을 찍기 전에 나는 검사가 되고 처음으로 피의자를 앞에 놓고 하소연을 했다. "너는 문제가 있는 사람이다. 제발 정신병원에 가서 상담을 받아라. 만일 아는 의사가 없으면 소개를 해주겠다." 내 말을 알아들은 건지 못 알아들은 건지 피의자는 끝까지 자기를 이해해주지 못하는 내가 답답하다는 표정을 지으며 검사실을 걸어 나갔다. 그 뒷모습을 보면서 느꼈던 무력감을 지금도 잊을 수 없다.

토막 살인과 아동성폭력 살인, 무엇이 더 무거운 범죄인가

개인적으로 사형제를 반대하지만, 검사로 근무하다 보면 사형

구형을 할 수밖에 없는 경우가 있다. 동료 검사가 기소한 사건의 재판에 관여하는 때가 그렇다. 수사를 한 검사가 나름의 고민을 거쳐 사형을 구형하라고 적어놓았는데 마음대로 바꿀 수는 없는 것이다. 지방에 근무할 때 같은 검사가 기소한 두 건의 살인 사건 기록이 내 앞에 놓였다. 한 건은 사형, 다른 한 건은 무기징역을 구형하라고 되어 있었다.

사형을 구형해달라는 사건은 토막 살인 사건이었다. 애인을 죽인 사건이었는데 범행 수법이 잔인하고 계획적인 범죄라는 점에서 극형에 처해야 한다는 판단을 한 것으로 보였다. 그리고 그 옆에 놓인, 무기징역을 구형해달라는 사건은 바로 아동 성폭력 살인 사건이었다. 피고인은 전에도 초등학생을 성폭행한 뒤 목을 조르고 있다가 행인에게 발견되어 체포된 전과가 있었다. 10년 정도 징역을 살고 나온 그는 채 한 달이 지나기도 전에 다시 어린아이를 강간하고 목을 졸랐다. 이번에는 지나가는 사람이 없었고, 그 아이는 처참한 죽음을 맞았다.

나는 그 두 사건 기록을 들고 수사검사를 찾아갔다. 만일 둘 중에서 좀 더 무거운 범죄를 고르라면 아동성폭력 쪽이 아니냐는 게 나의 생각이었다. 토막 살인 사건은 잔인하지만 특정인에 대한 감정에 의한 것이기 때문에 다시 그런 범죄를 저지를 확률은 높지 않다. 하지만 아이를 성폭행하고 죽이려다 체포되어 10년을 갇혀 있던 사람이 나오자마자 똑같은 짓을 해서 살인을 저지른 경우는, 다시 풀려나면 무슨 짓을 할지 너무나 분명하지 않은가. 두 피고인 중에 한 명을 영원히 사회에서 격리해야 한다면 후자를 골라야 한다고 생각했다. 내 말을 듣고 잠시 고민하던 수사검사는 둘 다 무기징역을 구형하자고 제안했다. 나도 동의했고 결국 두 사건은 모두 법원에서 무기징역이 선고되었다.

그때 재판을 받은 아동성폭행범은 아직도 교도소에 있을 것이다. 그 피고인과 따로 얘기를 해볼 기회를 갖지는 못했다. 만일 왜 그런 짓을 했느냐고 물으면 뭐라고 대답했을까? 그도 역시 아이가 너무 예뻐서 그렇게 한 것이라고 말했을까? 자기를 이해해주지 못하는 나를 답답해했을까? 도대체 이들은 어떤 존재란 말인가.

아 동 성 폭 행 범 을   이 해 할   수   있 을 까

A. M. 홈스의 《앨리스의 최후》에 등장하는 주인공 '채피'는 싱싱교도소에 갇혀 있는 아동성폭행범이다. 55년형을 선고 받고 23년째 수감생활 중인 그는 가석방 심사를 앞두고 열아홉 살의 여대생으로부터 편지를 받는다. 그가 저지른 범행을 잘 알고 있는 그 여학생은 열두 살의 어린 남자아이와 섹스를 하

려는 계획을 털어놓고 의견을 구한다. 자신과 똑같은 길을 걸으려는 여대생과 편지를 교환하면서 그는 점차 예전에 저지른 범행의 기억을 떠올린다.

채피의 인생 역정은 간단치 않다. 정신이 불안정한 어머니는 채피가 어렸을 때 그를 데리고 목욕을 하다가 추행한다. 우리의 주인공은 친어머니로부터 성폭행을 당한 것이다. 그 뒤 어머니는 혼자 차를 몰고 가다가 길옆으로 추락해 사망한다. 자살인지 사고인지는 알 수 없다. 수감생활도 굴곡이 많다. 교도소에 들어간 초기에 채피는 클레이튼이라는 동료 수감자에게 성폭행을 당한다. 그러나 이후로는 마치 애인처럼 그의 요구에 응하면서 살아간다.

심각한 내용에 비해 주인공의 독백과 여대생으로부터 받은 편지로 이루어진 소설의 분위기는 그리 무섭지 않다. 오랜 수감 생활이 채피의 성격을 부드럽게 만들었는지 그의 말은 재치로 가득하다. 아동성폭행범인 자신을 인터뷰하고 싶어하는 대학교수들의 요청을 거절하는 편지는 배꼽을 잡을 만큼 웃기기까지 한다. 하지만 그럼에도 그의 천성이 바뀐 것은 아니다. 그는 아동성폭행범이다.

그가 저지른 범죄의 구체적인 내용은 책의 맨 마지막 부분에 나온다. 주인공이 진심으로 사랑했고, 23년이 흐른 뒤에도 잊지 못하는 앨리스는 그에게 무참하게 살해당했다. 당시 앨리스의 나이는 열두 살이었다. 이웃집에 사는 채피를 찾아와 호기심에 (스스로) 섹스를 하던 앨리스는 어느 날 생리를 시작한다. 아직 생리가 무엇인지도 모르던 그녀는 채피가 자신에게 상처를 입힌 것이라고 생각하고 그를 비난하면서 가까이 오면 죽인다고 칼을 휘두른다. 그런 게 아니라고, 자연스럽게 일어난 일이라고 앨리스를 설득하던 채피는 어느 순간 그녀에게서 칼을 빼앗는다. 그리고 우리로서는 도저히 설명할 수 없는 일이지만, 그는 그 칼로 앨리스를 수십 번 찌른다. 이미 죽은 그녀의 몸을 마음껏 유린한 그는 그녀의 머리를 베어서 다리 사이에 놓아둔다. 채피는 애초에 보통 사람으로서는 이해가 불가능한 아동성폭행범인 것이다.

포 르 노 가   없 었 다 면   아 동 성 폭 행 이   일 어 나 지 않 았 을 까

언젠가 아동성폭력을 주제로 열린 토론회에 참석한 일이 있다. 패널 중 한 분은 아동성폭력의 원인이 우리 사회에 만연한 포르노와 젊은 사람들의 성적 문란이라고 진단했다. '길에서 부끄러운 줄도 모르고 부둥켜안고 앉아 있는 청춘남녀들'이 비난을 받았다. 다른 한 분은 성매매를 금지한 데서 원인을 찾았다. 그러나 아동성폭행범이 그토록 단순한 이유에서 생겨나는지는 의문이다. 과연 대한민국에 있는 모든 컴퓨터 하드디스크에서 포르노를 없애고 '도덕 재무장'을 하면 아동성폭력을 방지할 수 있을까? 혹은 성매매를 단속하지 않았더라면 서울 용산 어린이 성폭력 사건, 혜진 · 예슬 양 사건, 조두순 사건, 김길태 사건, 김수철 사건으로 이어지는 아동성폭행 사건이 일어나지 않았을까?

끔찍한 사건이 보도될 때마다 언론은 일반의 분노에 호응하는 즉각적인 조처를 내놓는다. 예를 들어 피해자 인권도 중요하다면서 피의자의 얼굴과 신상을 공개하라는 것이다. 마치 그동안 아동성폭력 문제가 해결되지 않은 것이 범인의 얼굴을 가려주었기 때문인 것 같은 생각까지 들 정도다. 만일 가해자의 얼굴을 보여주는 것만으로 아동성폭력 문제의 0.1%라도 해결된다면 나부터 신상공개에 앞장서겠다. 그러나 아동성폭력 문제는 그렇게 단순하지 않다. 우리는 아직 그들이 어떤 존재인지 거의 알지 못한다. 이렇게 성급한 처방이 나오는 것은 단지 우리 스스로 아이들을 위해 뭔가를 하고 있다는 위안을 얻기 위한 것일 뿐이다.

김길태가 태어나자마자 친부모에게 버림받은 것이, 김수철이 어렸을 때 성추행을 당한 것이 그들에게 어떤 영향을 끼쳤는지 한 번이라도 진지하게 연구된 적이 있는가. 유치원생이 너무나 예뻐서 성기에 손가락을 넣었다는 학습지 판매원의 정신 상태에 대해 자신 있게 말할 수 있을 만큼 우리는 아동성폭행범을 추적해 조사해본 일이 있는가.

너무나 심각한 문제를 앞에 두고 섣부르게 목소리만 높이거나 선입견에 근거한 대책을 내놓는 것은 정작 필요한 진지한 접근을 방해한다. 아동성폭력은 하루아침에 해결될 수 있는 문제가 아니다. 아동성폭행범이 어떤 존재인지 알아보려는 노력은 하지 않고 젊은이들의 도덕 재무장이나 포르노 금지 혹은 성매매 허용을 외치는 사람들을 볼 때마다, 초임 검사 시절 석방할 수밖에 없었던 아동성폭행범의 뒷모습에서 느낀 무력감을 다시 느낀다.

연쇄살인범에게도
관용이 필요한가

수십 명의 사람을 잔인하게 살해하는 연쇄살인범은 과연 어떤 사람일까? 원래는 우리와 별로 다르지 않았는데 어떤 계기로 변해서 상상도 못할 일을 저지르게 된 걸까? 아니면 날 때부터 보통 사람과는 전혀 다른 존재일까?

양쪽의 견해는 팽팽하게 대립하고 있다. 소설에 등장하는 캐릭터들은 대개 자기만의 사연을 지니고 있다. 영화 〈양들의 침묵〉에서 처음 모습을 드러낸 한니발 렉터 박사, 사상 최악의 살인마는 아닐지 몰라도 가장 냉정한 살인마로는 첫손가락에 꼽히는 그도 어린 시절에 끔찍한 일을 겪었다는 것이 밝혀진다. 여동생의 참혹한 죽음이 인육을 먹는 그의 행동을 정당화할 수는 없지만, 적어도 왜 그가 그런 행동을 하는지 이해하는 단서는 될 수 있다.

실제 현장에서 들리는 목소리는 조금 다르다. 2005년 2월 8일 〈뉴욕타임스〉에 실린 "최악의 사람들은 '악마'라고 해야 할지도 모른다"(For the worst of us, the diagnosis may be 'evil')라는 기사에서 필자는 연쇄살인범을 다루어본 많은 과학자들의 이야기를 전하면서 어떤 사람들은 설명할 수 없이 악한 천성을 가지고 있다고 했다.

그는 '악마'인가

과연 어느 쪽의 말이 맞는 것일까? 싸움에서 이기려면 먼저 적을 알아야 한다. 연쇄살인범이 사회가 극복해야 할 존재라면 이 질문에 답할 수 있어야 한다. 그리고 지금까지 그 해답에 가장 가까이 다가갔던 사람으로《내 옆의 이방인》의 저자 앤 룰을 들 수 있을 것이다. 그녀는 역사상 최악의 살인마 중한 명인 테드 번디와 흉금을 터놓을 정도로 가까운 친구였기때문이다. 그녀가 번디가 연쇄살인범이라는 것을 상상도 못하던 때 시작된 일이다.

1971년, 이제 막 40대에 접어든 앤 룰의 인생은 행복과는 거리가 멀었다. 전직 경찰인 그녀는 읽는 사람도 별로 없는 경찰 관련 잡지에 범죄 사건에 관한 글을 기고해서 생계를 유지하고 있었다. 남편과의 사이에 네 명의 자식을 두었지만 부부는 오랜 갈등 끝에 이혼하기로 합의한 상태였다. 바로 그때 앤 룰의 남편은 피부암 말기 진단을 받는다. 얼마 전 하버드 의대에 다니던 동생의 자살이라는 고통을 겪은 그녀는 어찌해야 좋을지 갈피를 잡지 못한다.

심란한 마음을 다스릴 겸 그녀는 봉사활동을 하기로 하고 자살을 하려는 사람들이 마지막으로 전화할 수 있는, '생명의 전화'와 유사한 단체인 크라이시스 클리닉에서 자원봉사자로 일을 한다. 그곳에서 그녀는 워싱턴주립대학교 심리학과에 다니는 한 학생을 만나게 된다. 친절하고 똑똑하고 장래에 거칠 것 없어 보이는 잘생긴 청년, 그의 이름은 테드 번디였다.

크라이시스 클리닉에서 자원봉사자가 주로 하는 일은 자살을 기도하는 사람이 전화를 해오면 시간을 끌면서 구급대원들이 그 사람을 찾아낼 수 있도록 돕는 것이다. 지루한 대기 시간을 함께 보내면서 앤 룰과 번디는 금세 가까운 친구가 된다. 앤 룰은 번디보다 나이가 열다섯 살이 많고, 책에서 여러 차례에 걸쳐 그에게 애정을 갖지는 않았다고 강조한다. 하지만 독자의 입장에서 보면 그녀가 번디에게 이성으로 끌렸던 것이 분명하다는 생각이 들 만큼 둘은 급속도로 절친해진다.

앤 룰은 번디에게 자신의 고민을 털어놓는다. 이혼하려는 결심은 굳혔지만 시한부 생명을 선고받은 남편을 떠나면 평생 죄책감에 시달릴 것 같다고 했다. 번디는 그녀의 얘기를 귀 기울여 들은 다음 남편과 이혼하라고 충고한다. 두 사람이 이미 헤어지기로 했으면 남편도 남은 인생을 원하는 대로 살 수 있도록 해주어야 한다는 것이다. 앤 룰은 그의 충고를 따라 남편과 이혼하고 남편은 그 뒤 4년간 행복하게 살다가 세상을 떠난다. 그녀는 인생의 갈림길에서 소중한 충고를 해준 번디에게 말할 수 없는 고마움을 느낀다. 그리고 그즈음 크라이시스 클리닉이 있는 시애틀에서 젊은 여성들이 실종되기 시작한다.

우 리 는 그 를 이 해 할 수 있 을 까

번디의 출생은 예사롭지 않다. 1946년 그의 어머니 루이스는 혼전 임신을 한다. 아이 아버지는 루이스를 버렸고 혼자 아이를 낳을 수밖에 없는 처지가 된 루이스는 집에서 먼 고장에 가서 몰래 번디를 낳아 온다. 당시 사회 분위기에서 사생아를 낳는다는 것은 사회적으로 매장을 의미했다. 루이스의 아버지, 즉 번디의 외할아버지는 동네 사람들에게 번디가 자신의 아이라고 말한다. 번디는 할아버지를 아버지라고 부르고, 어머니를 누나라고 부르면서 자라게 된 것이다.

몇 년 뒤 결혼한 어머니를 따라 계부와 함께 살게 된 번디는 평생 번듯한 가정에서 자란 사람들에 대한 선망과 열등감을 지니고 살게 된다. 명석한 두뇌에 노력을 더해 우수한 성적으로 대학에 들어간 그는 좋은 집안에서 자란 아름다운 여인을 만나 사랑에 빠진다. 스테파니란 이름의 그녀는 날씬한 몸매에, 앞가르마를 탄 긴 갈색 머리를 가지고 있었다. 번디와 즐거운 한 시절을 보낸 스테파니는, 그러나 대학을 졸업하면서 그를 떠난다. 그녀에게 번디는 단순한 학창 시절의 연인에 불과했던 것이다.

절망에 빠진 번디가 어떤 생각을 했는지는 알 수 없다. 그는 이후 각고의 노력으로 로스쿨에 들어가고, 주지사와 친분을 맺어 사회적으로도 어느 정도의 위치를 차지한 다음 다시 스테파니를 찾아가 청혼을 한다. 다시 나타난 그에게 감동한 스테파니가 청혼을 받아들이자 번디는 기다렸다는 듯이 그녀를 버린다. 그가 원한 것은 복수였던 것이다.

번디에게 살해된 여성은 대부분 놀라울 정도로 스테파니를 닮았다. 날씬한 몸매에 갈색의 긴 머리, 그리고 앞가르마. 책에는 희생자 몇 명의 사진이 나오는데 하나같이 모델이라고 해도 믿을 만큼 미인이다. 그리고 스테파니와 자매라고 해도 좋을 정도로 비슷하다.

여기까지 들으면 테드 번디의 이야기도 어딘지 이해가 가는 것처럼 보인다. 불행한 어린 시절을 보낸 남자가 첫사랑으로부터 실연을 당하자 그 충격으로 결국 연쇄살인범의 길에 빠지게 되는 사연은 소설이나 영화에서 드물지 않게 볼 수 있다. 하지만 번디의 이야기는 그렇게 간단하지 않다. 그는 스테파니를 만나기 훨씬 전 어린 시절부터 살인을 저질러왔던 것이다. 앤 룰이 추측하기로는 번디의 살인 행각은 그가 열여섯 살 때 처음 시작되었다.

번디가 범행을 할 때 잘 쓰는 수법이 있다. 다리에 깁스를 한 채 한 손에 가방을 들고 젊은 여성에게 접근한다. 잘생기고 착해 보이는 남자가 목발 때문에 가방을 떨어뜨리는 것을 보고 여자들은 자진해서 그를 돕는다. 차를 세워둔 곳까지 가방을 들어주는 것이다. 일단 차에 도착하면 그는 돌변해서 흉기로 피해자를 때려 기절시킨다. 한적한 곳까지 피해자를 끌고 간 다음 잔인하게 성폭행을 하고 무참하게 살해한다. 그가 그런 식으로 죽인 피해자가 몇 명인지는 영원히 알 수 없다. 경찰에서는 적어도 30명 이상의 젊은 여성을 죽인 것으로 추정하고 있지만, 번디는 "그보다 한 자리 숫자는 더해야 정답에 가까울 것"이라는 말을 남겼다.

그의 범죄 에너지는 놀라울 정도다. 한번은 하루에 두 명의 여성을 차례로 납치해서 살해한 일도 있다. 그가 결국 사형을 당하게 된 것도 범죄 충동을 참지 못했기 때문이다. 시애틀에서 연쇄살인을 하던 번디는 유타 주에 있는 로스쿨에 다니며 그곳에서 범행을 계속한다. 그러던 중 캐럴 다론치라는 여성을 납치하려다 실패하고 경찰에 체포된다. 구금되어 재판을 받던 번디는 탈옥에 성공한다. 얼마 지나지 않아 경찰에 잡히지만 놀랍게도 다시 한 번 탈옥에 성공해서 플로리다 주로 도주한다.

1970년대의 통신과 정보망을 고려할 때 그가 플로리다에서 조용히 지냈으면 아마도 체포되지 않고 살 수 있었을지도 모른다. 그러나 그는 그곳에 도착한 지 며칠 지나지 않아 대학교 기숙사에 침입해서 여러 명의 여학생을 눈 뜨고 볼 수 없을 만큼 잔인하게 폭행하고 살해한다. 최후를 자초한 것이나 마찬가지다.

두 번의 탈옥 뒤 마지막으로 경찰에 체포된 그는 재판을 받으면서 명백한 증거에도 불구하고 끝까지 범행을 부인한다. 사형선고를 받고도 집행이 번번이 연기되면서 수년간 수감되어 있던 번디는 예정된 사형집행 직전에 18명을 죽였다고 자백한다. 일부에서는 그가 그때 자백을 한 것은 사형집행을 연기하기 위해서라고 한다. 실종된 것으로 알려진 여자들의 행방을 확인하기 위해 좀 더 조사가 필요하다는 점을 부각시키려는 시도였다는 것이다. 그러나 과연 그런 것인지는 상당히 의문이다.

사형집행이 얼마 남지 않았을 때 한 심리학자가 번디를 찾아온다. 평소 포르노가 모든 악행의 근원이라고 생각해온 그 학자는 번디에게 어린 시절에 포르노를 많이 보지 않았느냐고 묻는다. 번디는 포르노를 많이 봤고 그것 때문에 범죄의 충동을 느꼈다고 대답한다. 희대의 살인마 번디의 고백은 언론에 크게 보도되었고 그 학자의 책은 날개 돋친 듯이 팔렸다. 그러나 번디는 포르노를 거의 보지 않았다. 그는 그 상황에서도 세상을 우롱했던 것이다. 마지막 형장에 들어설 때까지 그는 자신의 죽음조차 무서워하지 않았다고 전해진다.

악마의 종족은 따로 있는가

노벨문학상을 받은 도리스 레싱의 소설 《다섯째 아이》에는 선천적으로 악한, 보통 사람과는 다른 '종족'에 속한 아이가 등장한다. 도저히 감당하지 못한 부모가 아이를 수용시설에 보냈다가 죄책감으로 다시 찾아오지만, 결국 나머지 가족들의 삶마저 나락에 빠진다. 레싱은 이 책에서 우리가 이해할 수 없고 우리와는 다른 존재가 분명히 있다는 강한 암시를 한다. 만일 그런 종족이 있다면 테드 번디는 분명 그중에 속할 것이다.

번디와 같은 연쇄살인범을 어떻게 다루어야 할까? 사회는 지금까지 이런 존재들을 제거하는 것으로 대응해왔다. 번디도 사형을 당했고, 피해자들을 생각하면 당연한 귀결로 여겨질 수 있다. 그러나 과연 우리가 번디를 안다고 말할 수 있을까? 사형집행 전날 어머니와 통화를 하던 번디는 "내 안에는 엄마가 기억하는 나도 있어"라는 말을 하면서 눈물을 흘린다. 그 말이 진실일까? 죽어 마땅해 보이는 연쇄살인범의 내면에도 인간적인 부분이 있는 것일까? 마지막까지 세상을 우롱한 그의 말을 믿을 수 있을까? 여기에 자신 있게 대답하지 못하면서, 연쇄살인범이 과연 어떤 존재인지 알지 못하면서, 처형만을 반복해온 우리는 정말 올바른 일을 하는 것일까?

가끔은 변호사도
침을 뱉고 싶다

가정폭력은 당하는 사람에게는 견디기 어려운 고통이다. 남들 앞에서는 자상해 보이기만 하는 남편이 아내와 둘만 있을 때 돌변하는 사례도 적지 않다. 피해자의 이야기를 직접 들어보면 단순한 폭행을 넘어 생명의 위험을 느끼는 때도 많다고 한다. 폭행이 일상화되면 보복이 두려워서 신고를 하거나 주위에 알리는 것은 꿈도 꾸지 못하게 된다.

　이렇게 끝이 보이지 않는 폭력에 시달리다 못한 아내가 우발적으로 남편을 살해하는 사건이 드물지 않게 일어난다. 어떤 경우에는 처벌을 받아야겠지만, 어떤 경우에는 정당방위에 해당하는 때도 분명히 있을 것이다. 그렇다면 우리 법원이 지금까지 견디기 어려운 폭력을 행사하는 남편을 살해한 아내에게 정당방위를 인정한 사례는 몇 건이나 있을까? 믿어지지 않을지 모르지만, 한 건도 없다.

남편의 폭행을 견디다 못해 별거 중인 아내가, 몰래 자기를 미행해서 주소를 알아낸 다음 찾아와 목에 가위를 들이대고 성교를 요구하는 남편을 살해한 사건에서 서울고등법원은 2001년 2월 "피해자(남편)가 어릴 때에는 매우 유순하였고 (…) 어린 두 자녀를 만나지 못하여 가슴 아파하고 혼자서 눈물을 흘리는 다정한 아버지, 그리고 피고인(아내)과의 헤어짐을 현실로 받아들이면서도 다른 한편으로는 재결합을 간절히 원하고 그러면서도 피고인을 크게 원망하지 아니하는 마음 여린 남편의 면모를 느낄 수 있다. 다만 (…) 경제적 무능력에 대한 열등의식과 피고인의 직장생활과 관련한 약간의 의처증으로 말미암아 피고인에 대하여 (…) 거칠고 극단적인 표현을 쓴 것으로 이해할 수 있다"라고 하면서 아내에게 징역형을 선고한다. 재판부는 '증거에 의하면' 이 사건 이전에 남편이 아내를 폭행하면서 칼을 사용한 것은 한 번뿐이라는 친절한 설명을 덧붙이고 있다.

술만 마시면 아무런 근거 없이 남자관계를 의심하면서 폭행을 반복하는 남편에게 수십 년간 시달렸고, 그 과정에서 다리가 골절되거나 양쪽 고막이 파열되는 중상을 입은 적도 있던 예순두 살의 아내가, 또다시 술에 취해 스카프로 목을 조르려는 남편의 손에서 스카프를 빼앗아 남편을 살해한 사건에서 대구지방법원은 2008년 10월 "아래층에 살고 있던 이웃집으로 피하는 등 현장을 벗어날 수 있었다", "(아내가) 공포, 경악, 흥분으로 인하여 정상적인 판단을 도저히 기대할 수 없는 상태에 있었다고 볼 수도 없다"라고 하면서 유죄를 선고한다.

그녀가 자초했다

법의 역사를 보면 인종적·종교적 혹은 정치적 이유로 차별이나 불이익을 당한 사람을 어렵지 않게 찾아볼 수 있다. 그러나 어떤 계층이나 집단도 여성만큼 끝없이 법으로부터 외면 당하지는 않았다. 미국에서 노예로 살던 흑인들은 남북전쟁 이후인 1870년 수정헌법 15조에 의해 투표권을 갖게 되었다. 그러나 여성이 투표권을 인정받은 것은 이로부터 50년이 더 지난 1920년에 이르러서다. 가정폭력이나 투표권은 하나의 예에 지나지 않는다. 법이 규율하는 거의 모든 영역에서 여성들은 부당한 대접을 받아왔다. 그것은 성폭력에서도 예외가 아니다. 조이스 캐럴 오츠의 소설 《강간, 사랑 이야기》는 이 문제를 정면으로 다루었다.

주인공 티나 맥과이어는 강간 범행의 책임 중 상당 부분이 피해자인 여자에게 있다고 생각하는 사람들이 딱 떠올릴 만한 여자다. 남편을 암으로 잃은 뒤 열두 살의 딸과 함께 사는 그녀는 파티가 열리는 곳이라면 그냥 지나치는 일이 없고 바에서 처음 만난 남자에게도 스스럼없이 말을 건다. 술을 좋아하고 가끔은 딸도 얼굴을 붉힐 정도로 짧고 섹시한 옷을 입는다. 마을에서는 대적할 상대가 없을 정도로 뛰어난 춤 솜씨를 자랑하기도 한다. 편견을 가진 사람들이라면 '헤픈 여자'라고 생각할 면모를 두루 갖추고 있다.

하지만 그녀는 마음속 깊이 딸을 사랑하고 치과에서 안내직원으로 힘들게 일해서 버는 수입으로 가정을 꾸려나가는 평범한 가장이다. 세상을 떠난 남편에게 여전히 애정을 갖고 있지만 과거에 집착하지 말자고 스스로 다짐하면서 정기적으로 만나는 남자친구와 즐겁게 지내려고 노력한다. 그리고 온 동네가 떠들썩한 독립기념일 밤, 그녀는 딸과 함께 남자친구의 집에서 열린 파티에 참석하고 돌아오는 길에 잔인하게 성폭행을 당한다.

파티가 끝나고 늦게 귀가하게 된 티나는 딸과 함께 한밤중의 공원을 가로질러 귀가한다. 남편과 함께 그곳에 소풍을 왔던 기억에 잠겨 있던 티나와 딸 앞에 안면이 있는 동네 청년들이 술과 마약에 취한 채 나타난다. 처음에 모녀를 희롱하는 듯하던 남자들은 결국 낡은 보트하우스로 티나를 끌고 가서 윤간한다. 티나의 딸은 가까스로 도망치지만 멀리 가지 못하고 보트하우스 한구석에 숨어 어머니의 비명을 그대로 듣는다.

마음껏 티나를 유린한 남자들은 피를 흘리는 그녀를 버려둔 채 가버린다. 딸이 숨은 곳에서 나와 도움을 요청하지 않았더라면 티나는 그 자리에서 그대로 죽었을 것이다. 그녀는 병원에 호송된 뒤에도 몇 주간 정신을 되찾지 못하고 혼수상태에 빠져 있게 된다.

사람들은 티나가 강간을 당한 것은 그녀의 책임도 크다고 말한다. 소설은 강간을 당하는 장면으로 시작하는데, 1장의 제목이 '그녀가 자초했다'이다. "한밤중에 어린 딸을 데리고 인적이 드문 공원에 가다니 얼마나 무책임한가." "평소 옷차림이나 행실로 봐서 그녀가 남자들을 도발한 것이 아닐까?" "술에 취해서 분위기에 휩쓸린 것이 틀림없다." 사람들의 반응이다.

간신히 회복된 모녀는 그들의 삶이 결코 그전과 같을 수 없다는 것을 깨닫는다. 티나의 딸에게 어린 시절은 영원히 사라진 것이다. 그들은 물론 법에 호소한다. 전과자들의 사진을 보면서 범인을 지목하고, 지목된 남자들은 경찰에 체포된다. 하지만 남자들은 혐의를 부인하고 법원은 재판이 열릴 때까지 보석으로 그들을 석방한다.

사건 당시보다 더 가혹한 이후의 시선들

가해자와 피해자가 법정에 모인 첫날, 성폭행 사건을 다루어 본 경험이 없는 젊은 여검사는 허둥지둥하면서 실수를 연발한다. 근엄한 판사는, 티나가 강간당하고 치료받으면서 입은 상처를 가리기 위해 쓴 선글라스와 꽃무늬 스카프를 벗으라고 말한다. "법정 안에 햇살이 내리쬐는 것도 아닌데 선글라스는 벗으면 어떻겠소." 판사가 농담조로 던진 말이다. 긴장과 불안에 떠는 피해자가 보는 앞에서 판사는 증인으로 나온 경찰관이 어법에 맞지 않는 말을 한다고 핀잔을 주기도 한다. 가해자들의 가족이 중심이 된 방청객은 판사가 없는 틈을 타서 티나에게 '창녀', '거짓말쟁이'라고 욕을 퍼붓는다.

결정타를 입힌 것은 가해자들의 변호인이다. 그 일대에서 가장 실력이 뛰어나다고 알려진 이 변호사는 티나가 성교의 대가로 피고인들에게 돈을 요구했다고 주장한다. 피고인들은 티나의 권유에 따라서 섹스를 했을 뿐이며, 그녀를 폭행한 것은 피고인들이 떠난 뒤에 온 제3의 인물들이라는 것이다. 검사는 티나의 딸을 증인으로 내세웠지만, 변호인은 딸이 숨어 있었기 때문에 실제 성폭행한 남자들을 직접 목격하지는 못했다고 반박한다. 가해자들의 경멸에 찬 시선을 받으며, 티나는 재판을 포기한다.

법정 밖의 상황도 다르지 않다. 티나의 딸은 학교에서 가해자 중 한 명의 여동생으로부터 위협을 받는다. 상점에서 우연히 마주친 가해자들은 뻔뻔스럽게 모녀를 노려본다. 한 명은 밤중에 그녀의 집 앞으로 차를 타고 지나가면서 놀리듯이 소리를 지르기도 한다. 법에 호소해서 얻은 것은 아무것도 없었던 것이다.

구원은 뜻밖의 곳에서 찾아온다. 티나의 딸은 전부터 안면이 있던 젊은 형사에게 절박한 마음으로 구원을 요청한다. 그리고 그때부터 가해자가 하나씩 사라지기 시작한다. 한 명은 그 형사에게 무모하게 칼을 들고 덤비다가 죽음을 맞는다. 목격자는 없지만 형사의 행동은 정당방위로 인정받는다. 두 명은 자취도 없이 행방불명이 된다. 사람들은 그들이 혹시라도 강간죄로 처벌을 받을까봐 캐나다로 도망갔다고 생각한다. 또 한 명은 후회에 가득 찬 유서를 남기고 시체로 발견된다. 물론 그가 실제로 스스로 목숨을 끊은 것인지는 알 길이 없다.

가해자들이 사라진 뒤 티나 모녀의 인생은 다시 시작된다. 티나는 재혼을 하고 신혼여행지에서 기쁨이 가득 찬 편지를 보내온다. 딸도 결혼을 해서 고향을 떠난다. 남편과 행복한 삶을 살아가는 티나의 딸은 가끔씩 자신에게 새 삶을 찾아준 존재를 떠올린다. 물론 그녀가 떠올리는 것은 아무 도움도 되지 않던 무기력한 법이 아니라 총을 들고 가해자를 없애준 한 형사의 모습이다. 이 책의 제목에서 '강간' 뒤에 따라오는 '사랑 이야기'는 딸이 그 형사에게 품은 마음을 뜻한다.

티나 맥과이어 강간범을 살해한 형사의 행동에 찬성하기는 어렵다. 아무리 짐승 같은 성폭행범이라고 해도, 설사 그들이 뻔뻔스럽게 법망을 피해간다고 하더라도 그런 식으로 죽여서는 안 된다. 앞에서 본 가정폭력 사건에서 남편을 살해한 여성에게 유죄를 선고한 법원의 태도도 이해가 가지 않는 것은 아니다. 사람의 생명은 무엇보다 귀중한 것이며 우리의 수사 현실을 고려할 때 남편을 살해한 아내의 말만 믿고 쉽게 정당방위를 인정하다보면 그런 상황을 가장해 살인극을 벌이는 경우도 생겨날 수 있다.

그러나 맥주를 마셨다는 죄로 태형을 선고받은 말레이시아 여성에 관한 신문 기사를 읽을 때나, 늦은 밤 사무실에서 판례를 읽으면서 남편이 스카프로 목을 조를 때 아래층의 이웃집으로 피했어야 한다는 구절을 볼 때는, 법이 여성들에게 한 모든 일, 그리고 법이 여성들에게 해주지 못한 모든 일이 떠오르면서, 솔직히 침을 뱉고 싶어진다.

"다 잘되라고
때리는 거란다"

우리는 철로가 내려다보이는 나무에 밧줄을 하나 매어두었다. 그러고는 기차가 다가올 때 밧줄에 매달린 채 휙 날아가서는 기차 차창 밖에 매달려 기관사를 들여다보곤 했다. 그렇게 한참을 죽지 않을 정도까지만 매달려 있다가 도망쳤다. 보통은 밧줄을 타고 뛰어드는 동안 어떻게 때맞춰 도망갈지 생각하기 마련이지만, 우리는 그런 생각을 하는 대신 정신을 멍하게 비워두었다. 스위치를 끄고 기차와 우리 손에 쥔 밧줄만을 느꼈다. 그러면 그 순간은 아주 풍요로워졌다. 시간은 늘어나기 시작했다. 그리하여 그 뒤로 그 순간이 얼마나 지속되었는지 알 수 없을 정도가 되었다. 가장 오래 버텼던 두 번은 기차에 아슬아슬하게 스치기도 했다. 하마터면 빠져나오지 못해 위험할 정도의 시간이었다.

페터 회의 소설 《경계에 선 아이들》의 한 장면이다. 주인공인 페터는 덴마크 왕립 고아원 출신이다. 아이들은 그곳을 '빵 부스러기 집'이라고 부른다. 제대로 된 빵 대신 부스러기로 끼니를 때워야 하기 때문이다. 부실한 식사로 아이들은 추위를 타지만 침실은 난방이 되지 않는다. 페터는 친구인 오스카 홈름과 함께 밤에 화장실에 가서 잔다. 화장실에는 몸을 녹일 수 있는 라디에이터가 한 대 켜져 있다. 아이들은 번갈아가며 교사인 발상의 집 정원 잔디를 깎으러 가야 한다. 발상은 잔디를 깎으러 온 아이들을 데리고 자면서 성폭행한다. 페터가 도망치자 그는 고아원 안에 있는 전화박스 안까지 쫓아가서 페터를 강간하려고 한다. 그런 상황에서 페터와 오스카가 즐기는 놀이가 위에 나온 '밧줄 타고 기차 아슬아슬하게 피하기'이다. 이 아이들에게 현실은 도저히 제정신을 가지고 바라볼 수 없는 절망이기 때문에 '정신을 멍하게 비워두는 것'만이 도피처가 될 수 있었던 것이다.

천 사 인 가   악 마 인 가

법은 소수자·약자를 도와야 하는 임무가 있다. 성년이 되지 않은 아이들은 신체적·정신적으로 약자이기 때문에 보호의 대상이다. 우리 법이 미성년자가 체결한 계약을 취소할 수 있게 하거나, 열네 살 미만의 아이들은 어떤 범죄를 저지르더라도 처벌하지 않고 열아홉 살 미만의 청소년은 처벌을 할 때 성인과 다른 취급을 하도록 규정하고 있는 것도 아이들을 보호하기 위해서다. 미성년자도 무거운 범죄를 저지르면 사형에 처할 수 있는 나라도 있지만(2005년 이전의 미국이 대표적이다), 우리나라의 경우 죄를 저지를 때 열여덟 살 미만이면 사형이나 무기징역을 선고하지 못하도록 되어 있다. 물론 위에서 본 것처럼 불우한 처지에 있는 아이들을 괴롭히는 사람은 엄한 처벌을 받도록 되어 있다.

그러나 아이들을 약자로만 취급하는 것은 문제의 한 단면만을 보는 것이다. 2010년에 〈연합뉴스〉가 보도한 한 기사를 보자.

영국의 열 살짜리 소년 두 명이 저질렀던 유아 살인 사건이 17년 만에 다시 영국을 들끓게 하고 있다. 1993년 두 살 난 유아를 납치 살해해 세상을 놀라게 했던 열 살 소년(현재 스물일곱살) 두 명 가운데 한 명이 가석방되었다가 다시 교도소에 수감되면서 언론들이 엽기적인 당시 사건을 일제히 재조명하고 나섰다. (…) 학교를 무단결석한 이들은 피해자를 2마일 이상 떨어진 철길로 데려간 뒤 벽돌과 쇠몽둥이로 때리고 눈에 페인

트를 붓는 등 끔찍한 고문을 가했다. 재판 과정에서 실신 지경에 이른 유아를 철길에 가로질러 방치해 숨지게 하는 등 엽기적인 범행수법이 드러나면서 영국을 경악하게 했다. (…) 유럽인권재판소는 1999년 영국 사법부가 열 살 피고인을 성인 법정에서 재판했다는 이유를 들어 내무장관이 이들의 수감기간을 법원이 선고한 8년에서 15년으로 올린 것에 대해 부당하다는 결정을 했다. 30만 명 이상이 8년의 징역형이 너무 가볍다면서 탄원을 넣었지만 이들은 8년의 수감생활을 마친 뒤 2001년 새로운 신원을 부여받은 후 조건부로 석방되었다.

이런 뉴스를 보면 단순히 나이가 어리다는 이유로 책임을 면해주거나 가볍게 해주는 것이 과연 맞는지 회의가 든다. 2005년에 연방대법원이 열여덟 살 미만의 미성년자를 사형에 처하는 것이 위헌이라는 판결을 내리기 전까지 미국에서 실제로 열여덟 살이 되기 전에 범죄를 저지른 사람의 사형을 집행한 일이 있었던 것, 그리고 연방대법원의 재판 과정에서 버지니아 주를 비롯한 몇 개의 주정부가 미성년자에 대한 사형집행도 필요한 때가 있다고 주장한 것이 아주 황당한 얘기는 아닌 것이다. 법이 아이들 문제를 다룰 때 어려워하는 것은, 아이들이 바로 이렇게 모순되는 모습을 보이기 때문이다. 그리고 법이 해결해야 할 문제 중에 하나가 이런 아이들을 '선도'하겠다는 의도로 체벌이라는 수단을 사용해도 좋은지 여부다.

선도를 위한 도구, 공포심

전화박스에서 강간 당할 뻔한 이후 페터는 빌 학교라는 곳으로 전학을 가게 된다. 전학 온 첫해에 페터의 키는 25센티미터가 자랐고 몸무게도 17킬로그램이 늘었다. 그 학교의 교장인 빌 선생님은 아이들을 보호하고 선도하려는 선한 의도를 가지고 있었다. 페터는 지각이나 결석을 하지 않는다. 교사로부터 부당하게 괴롭힘을 당하지도 않는다.

　그러나 빌 학교에 전학을 간 지 2년 뒤 페터는 아침에 제때 일어나지 못하게 된다. 자명종을 두 개씩 맞춰놓아도 특별한 이유 없이 잠에서 깨어나지 못하고 지각을 하게 된다. 페터가 자기도 모르게 잠을 자면서 무의식적으로 학교를 피하게 된 것은 교장인 빌의 지도방식 때문이다. 빌은 모든 학생을 체벌하지는 않지만, 가끔씩 잘못을 저지른 아이를 선정해서 심한 폭행을 한다. 교실에 들어가 체벌 대상인 학생을 자리에서 일어나게 한 다음 책상에서 나가떨어질 정도로 주먹질을 하는 것이다. 그것을 본 다른 학생들의 마음속에 생겨나는 '공포심'

이 빌이 아이들을 선도하기 위해 사용하는 도구이다. 페터의 마음속에는 그 공포심이 누적되고, 결국 잠에서 깨어나는 것을 회피하게 된 것이다.

빌이 체벌하는 장면을 본 학생들은 두 가지 감정을 갖게 된다. 하나는 모든 일이 올바르게 바로 잡혔다는 안도감이다. 다른 하나는 언젠가 나도 저렇게 될 수 있다는 공포심이다. 학생들은 이런 말을 한다. "아니, 어느 정도 겁에 질려 있으면 처벌 받지 않는 것만으로도 일종의 자유처럼 여기게 되지."

빌의 의도는 나름대로 선한 것이다. 그는 또한 자신의 경험에서 나온 교육철학을 가지고 있다. 이 소설의 제목 '경계에 선 아이들'은 선도가 가능한 아이들을 의미한다. 굳이 때리지 않아도 알아서 잘하는 아이들, 반대로 어떤 방법을 쓰더라도 바로잡을 가능성이 없는 아이들을 제외하고, 체벌로 선도할 수 있는 아이들을 뽑아 잘못된 점을 고쳐주려는 것이 빌의 생각이다.

과연 체벌을 해서라도 아이들의 잘못을 교정하고 바른 길로 이끌어야 한다는 주장이 올바른 것일까? 페터와 같이 밤에 화장실 라디에이터 옆에서 잠을 자고 '밧줄 타고 기차 아슬아슬하게 피하기'를 하던 오스카는 페터를 따라 전학가는 것을 거부한다. 어느 날 페터는 새로운 학교에서 사귄 친구에게 빵부스러기 학교에 남은 오스카의 운명에 대해 들려준다. 빌과 같이 '선의로 체벌을 하는' 교사를 만나지 못한 오스카 홈룸은 어떻게 되었을까?

홈룸은 몸을 휙 내밀었어. 평상시와 비슷했지. 때도 딱 맞았어. 하지만 그때는 밧줄이 철로 한가운데까지 갔는데도, 홈룸은 그냥 매달려 있기만 했어. 그 애는 인생의 마지막 순간을 한껏 늘려서 휙 날아간 밧줄이 되돌아오는 것을 늦췄지. 하지만 결국 그 애가 매달린 밧줄이 추처럼 도로 돌아오려는 순간, 기차가 달려들었어.

그렇다면 빌 학교로 전학을 간 페터의 선택이 옳은 것인가? 체벌이라는 수단을 통해서라도 나락에 빠지는 것을 피했으니 다행이라고 해야 할까? 그렇지는 않다. 매에 대한 공포로 떠는 빌 학교의 학생 중에도 오스카처럼 극단적 선택을 하는 아이들이 나온다. 빌 학교 교감인 프레드호이 선생의 아들인 악셀 프레드호이가 그런 경우였다. 악셀은 그림 보관함 속에 숨어서 면도날로 자기 혀를 자르려고 했다. 악셀이 사고를 일으킨 이후 빌 학교에 다니던 교사의 자제들은 모두 다른 곳으로 전학을 갔다. 단순히 체벌을 못 견딘 아이들이 자해하는 사례만 있었던 것도 아니다. 체벌로 인하여 직접적으로 몸과 마음을 다친 경우도 많다. 교장인 빌한테 맞은 예스 예센이라는 아이는 고막이 손상되는 상처를 입었다. 빌의 의도와 교육 방식의 실체를 깨달은 주인공 페터는 빌이 아이들을 때릴 때마다 기록한 장부를 찾아내 빌을 협박한다. 덴마크에서 체벌은 법으로 금지되어 있기 때문에 체벌장부의 존재가 폭로되면 빌은 더 이상 교사로 남아 있을 수 없다. 페터의 요구조건은 단한 가지였다. 빌 학교를 떠나서 입양이 될 수 있게 해달라는 것이다.

경 계 에 서   떠 나 가 는   아 이 들

체벌 등 아이들 문제에 대해 논쟁이 벌어질 때, 흔히 볼 수 있는 태도 중 하나는 아이들을 선도의 대상으로 보는 것이다. 가장 우수한 아이가 있고, 그 아래에 있는 아이가 있고, 또 그 아래에 더 떨어지는 아이가 있다는 식이다. 그런 전제에서 출발하면 아이들을 '끌어올리는' 것에만 집중하게 된다. 그 과정에서 체벌이라는 수단을 사용할 수 있는지는 부차적 문제가 된다.

경기도 교육청에서 학생인권조례를 만들겠다고 했을 때 일부 언론에서 보여준 태도가 딱 그런 시각에 해당한다. 어떤 기사는 "학생'인권'조례안(기사에서 인권이라는 두 글자에 따옴표를 쳤는데 학생이 '인권'을 얘기한다는 것 자체가 특이하다는 생각을 표시한 것 같다) (…) 두발 자유, 자율학습 강요 금지부터 수업시간 외 결사의 자유 등 자못 비장한 내용까지 들어간 조례안을 내놨다"고 하면서 "(조례안을 찬성하는 사람들에 대해) 자기들은 공부 열심히 해서 명문대·명문고 나와놓고는 '자율학습? 웃기지 말라 그래', '교내집회? 니 마음대로 해'라고 속삭이는" 것이라고 비난하고 있다. 그러한 시각이 체화된 것이 바로 '경계에 선 아이들'을 매로 선도하겠다는 빌 교장의 모습인 것이다.

아이들 문제는 법이 다루기 어려운 문제다. 쉽게 다루어서는 안 되는 문제이기도 하다. 아이들은 너무나 다양한 모습과 가능성을 가지고 있기 때문이다. 어른들의 입장에서 어떤 모습은 우수하고, 어떤 모습은 열등하고, 어떤 모습은 그 중간에 있어서 선도가 가능하다고 생각하는 것은 아이들 문제의 본질을 보지 못하는 것이다. 헌법이 모든 국민에게 보장한 기본권을 가지고 학생인권조례를 만들겠다는 계획에 대해 "자기들은 명문대·명문고 나와놓고는"이라고 비난하는 시각이 계속된다면, 언젠가 우리 아이들도 페터처럼 우리 사회를 떠나게 해달라고 요구해올지 모른다.

맞으면서
크는 아이

우리 사회에서 체벌은 뜨거운 논란의 대상이다. 서울시 교육
감이 학생체벌금지령을 내렸을 때도 여론이 찬반논란으로 달
아올랐다. 마치 지금까지는 교권이 깍듯이 존중을 받아왔는데
그 교권이 이 지시 하나로 하루아침에 땅에 떨어진 것처럼 느
껴질 정도다. 학교에서 학생들이 갑자기 선생님에게 대들고
심지어 야단을 치는 교사에게 덤벼드는 일까지 있다는 보도가
줄을 이었다. 한국교원단체총연합회(교총)는 "독선적이고 독
단적인 조치"라며 강력히 반발하고, 교육과학기술부도 한마
디 협의도 없이 체벌금지 지시를 한 것은 파급효과를 감안하
지 않은 신중치 못한 처사라고 비판했다. 심지어 선거 과정에
서 교육감을 지지한 전교조마저 전면적인 체벌금지에 불만의
목소리를 냈다.

속으로 끓던 갈등이 결정적으로 터져나온 계기는 한 고등학교에서 학생이 젊은 여교사를 폭행했다는 사건이었다. 수업시간에 교재를 가져오지 않은 학생이 선생님에게 야단을 맞자 주먹으로 얼굴을 여러 차례 때렸다는 것이다. 스승을 입원시킨 패륜적인 제자에게 각계의 비난이 쏟아졌다. '학생의 인권만 중요한 것이 아니라 교권도 중요하다', '막장 교실인데도 체벌금지 타령하냐' 유의 사설이 지면을 장식했다.

나중에 이 사건의 진상은 최초의 보도와 다른 것으로 밝혀졌다. 교사가 수업준비가 부실한 학생들에게 서로를 때리도록 지시한 사실이 확인된 것이다. 친구를 때리라는 지시를 거부한 학생에게 교사는 "너 지금 대드는 거냐"고 하며 '엎드려뻗쳐'를 시켰고, 학생이 욕설을 하자 다시 "너 그렇게 돈이 많냐. 때려봐"라는 말과 함께 스스로 얼굴을 내밀었다는 것이다. 일부 학생은 교사가 학생들이 서로 때리는 장면을 보면서 흐뭇하게 웃기까지 했다고 증언했다. 심지어 만족스러운 소리가 날 때까지 때리도록 지시했다는 말까지 나온다.

교육적인 장면이라고 보기는 어려운 장면을 연출한 교사에 대한 비판 여론이 일어나면서 이 사건의 파장은 점차 잦아들었다. 물론 어떤 이유에서건 스승에게 욕설을 하고 폭행을 한 제자를 용서하기는 어렵겠지만 애초에 상식에 맞지 않는 지시를 한 교사에게도 그에 못지않은 잘못이 있는 것이다. 자라나는 아이들에게, 그것도 매일 얼굴을 보는 친구들에게 서로 때리라고 하는 것은 비교육적인 차원을 넘어 거의 변태에 가까운 가학취미 아닌가. 그리고 이 경우는 체벌이 없기 때문에 학생이 교사에게 대든 것이 아니라 오히려 체벌을 했기 때문에 (학생들에게 때리는 일을 대신 시킨 것도 엄연히 체벌이다) 문제가 생긴 것 아닌가. 이 사건이 체벌금지 문제와 관련된 일반적 사례로 다루어질 수 없다는 것은 분명하다.

　그러나 만일 정상적인 사례라면 어떨까? 그야말로 '교육적인' 목적을 위해 '적절한' 체벌을 한 경우라면 어떨까? 흔히 화가 나서 때리는 감정적인 체벌은 허용할 수 없지만, '사랑의 매'는 필요하다는 말을 하곤 한다. 어린 시절 잘못된 길로 접어들거나 방황을 할 때 엄한 매로 정신을 차린 추억을 되새기면서 스승의 고마움을 말하는 사람도 있다. 과연 그런 체벌은 정당한 것일까? 개인적인 의견을 말하자면 그런 체벌이 더 나쁠 수도 있다고 생각한다.

정 말 로   체 벌 이   필 요 한 가

나는 체벌에 반대한다. 아니, 솔직히 말하자면 반대하는 정도를 넘어 체벌이 필요하다고 주장하는 사람을 보면 화를 참기 힘들다. 사람들 사이에 얼마든지 의견이 다를 수 있고, 나와 다른 생각을 하는 사람을 만나더라도 일단은 들어보려는 노력을 해야 하고, 감정이 앞서면 합리적인 비판을 할 수 없다는 데 전적으로 동의하지만, 그래도 체벌 찬성론에는 분노하지 않을 수 없다. 그 이유는 체벌이 우리가 사는 사회를 폭력사회로 만든 가장 큰 주범이라고 생각하기 때문이다. 우리 모두는 맞고 자랐다. 지금 성인이 된 사회의 구성원 중에 자라면서 선생님에게 한 대도 맞아보지 않은 사람이 있을까? 전 국민이 맞으면서 자라는 사회가 폭력적이지 않은 곳이 될 수 있을까?

체벌이 필요하다고 주장하는 사람은 최소한 다음 두 가지 질문에 답을 해야 한다고 생각한다. 첫 번째로 유럽이나 일본, 미국의 학생들은 체벌 없는 교육을 받는데 왜 우리 청소년들은 매를 들어야만 말을 듣는다고 생각하느냐는 질문이다. 유럽 각국과 일본에서 체벌은 불법이다. 미국 대다수의 주에서 체벌은 불법이며, 일부 허용되는 주에서도 체벌을 하려면 부모의 명시적인 동의를 받도록 하는 곳이 많다. 심지어 학생이 체벌을 거부할 경우 정학 등 다른 수단으로 대체하도록 하는 곳도 있다. 최근 많은 부모들이 기러기 생활을 감수하면서 어린 자녀를 유학 보내지만 외국에서 맞으면서 학교를 다닌다는 말은 들어본 일이 없다.

우리 청소년들이 다른 나라 아이들에 비해 특별히 우수하다고 할 이유는 없지만, 그렇다고 뒤처진다고 볼 근거는 더욱 없다. 우리나라에서 정규교육을 마친 사람들에 비해 유럽이나 일본에서 교육을 받은 사람들의 수준이 떨어지는 것도 아니다. 왜 우리는 다른 나라의 아이들보다 못하지 않은 아이들을 대상으로, 다른 나라보다 특별히 뛰어난 교육을 제공하지도 못하면서 매를 들어야 하는가. 일제시대에 교사들이 "조선 놈들은 맞아야 말을 들어" 하면서 매질을 했다는 아픈 기억을 꺼내지 않더라도, 체벌을 앞세우는 교육은 무엇보다도 학생을 신뢰하지 않는 데서 출발하기에 찬성할 수 없다.

두 번째 질문은 때리면서 교육을 하다 보면 은연 중에 '올바른 목적을 위해서는 폭력을 사용해도 괜찮다'는 것을 가르치게 되지 않느냐는 것이다. 모든 교사가 체벌을 할 때 사적인 감정은 철저히 배제하고 순전히 교육적인 목적에서 매를 든다고 가정해보자. 체벌의 수단도 상식을 벗어나지 않는 적절한 정도라고 해보자. 선생님들은 개인적 편차 없이 일정한 경우에만 매를 때려서, 학생들도 어떤 짓을 하면 맞게 되는지 예상할 수 있다고 치자. 그런 환경에서 자라난 사람들은 '세상에는 맞을 만한 짓이 있다'는 생각을 갖게 되지 않을까? 동료가 맞는 것을 보면서, '저 녀석은 그런 짓을 했으니까 맞는 게 당연해'라고 방관하게 되지 않을까? 한 걸음 더 나아가 친구가 잘못을 저지르는 것을 보면 때려서라도 고쳐주어야 한다고 나서

게 되지 않을까? 만일 맞고도 정신을 못 차리면 더 때려서라도 고쳐주어야 한다고 생각하게 되지 않을까? 하지만 '맞을 짓을 한 놈은 때려도 된다'는 생각만큼 때려서라도(!) 바로잡아야 할 잘못된 생각이 또 있을까? 그리고 매에 내성이 생기는 만큼 폭력에 대한 감수성이 무뎌지는 것은 아닐까?

우리의 일부가 되어버린 폭력

폭력에 무감각해지고 그럼으로써 점점 더 심한 폭력의 세계로 빠져드는 아이들의 세계를 그린 책이 윌리엄 골딩의 《파리대왕》이다. 핵전쟁이 벌어진 뒤 한 무리의 소년들이 무인도에 떨어지게 된다. 처음에는 합의해 대표를 뽑고 발언권을 가진 사람(소라를 집어들면 발언권을 갖는다)을 존중하면서 제법 민주주의적인 공동체를 이루어가던 아이들은 점차 두 패로 나뉘어 반목하게 된다. 봉화를 올리고 외부의 구조를 기다려야 한다는 랠프와 멧돼지 사냥을 하면서 군대 같은 조직을 만드는 잭이 양쪽의 우두머리다. 봉화를 피우거나 사냥한 멧돼지를 구우려면 피기라는 소년이 쓴 안경으로 불을 붙여야 한다. 충분히 사이좋게 렌즈를 돌려 쓸 수 있을 것 같은 두 무리는, 그러나 무의미한 폭력의 세계로 빠져든다.

마틴 루서 킹은 폭력에 호소하는 것의 궁극적인 약점은 그
것이 점차 악화되는 데 있다면서 이렇게 말했다. "폭력에 폭력
으로 답하는 것은 결국 폭력을 몇 배로 증가시키는 것입니다.
별도 없는 어두운 밤하늘에 더 깊은 어둠을 더하는 것이지요."
처음 피기의 안경알 한쪽을 깨는 데서 시작된 아이들의 폭력
은 점차 창으로 공격하는 전투로 번지고 마침내 거리낌 없이
상대방을 죽이는 단계에 이르게 된다. 책의 입장에서 볼 때
'사냥꾼이 되지 못하고, 고기를 대주지도 못하고, 그저 명령이
나 내리면서 복종을 바라는' 랠프의 행동은 지도자로서 잘못된
것이다. 때려서라도, 폭력으로라도 바로잡아야 하는 것이다.

아이들이 이렇듯 폭력으로 빠져들어가는 근본적인 원인이
무엇인지는 분명하지 않다. 핵전쟁을 벌인 어른들의 영향인
지, 혹은 애초에 인간 본성의 문제인지 작가는 해답을 제시하
지 않는다. 하지만 궁극적인 '악'이 폭력이라는 점은 분명하다.
책의 제목인 '파리대왕'(lord of flies)은 헤브루어로 악마를 가
리키는 '베엘제버브'라는 단어를 번역한 것이라고 한다. 소설
속에서 작대기 끝에 꽂힌 멧돼지 머리의 형태로 나타나는 파
리대왕은 이렇게 말한다. "넌 그것을 알고 있었지? 내가 너희
들의 일부분이라는 것을. 아주 가깝고 가까운 일부분이란 말
이야. 왜 모든 것이 틀려먹었는가, 왜 모든 것이 지금처럼 되
어버렸는가 하면 모두 내 탓인 거야." 모든 것을 틀려먹게 만

드는 것은 우리 자신의 일부가 되어버린 폭력인 것이다.

폭 력 의   연 쇄 효 과

재벌가 출신의 한 사업가가 파렴치한 '맷값 사건'으로 세상을
분노하게 한 일이 있다. 초등학교 후배인 그 친구와 어릴 때
스케이트 시합에 함께 나갔었다. 지금 이유는 전혀 기억나지
않지만 다른 학교 아이들과 시비가 붙게 되었다. 말썽을 피하
기 위해 후배들을 끌고 자리를 빠져나오는데, 그 후배와 함께
온 어떤 어른(부모님인지 혹은 다른 분인지는 모르겠다)이 후배를
쫓아와 야단쳤다. 쌍대방이 잘못했으면 패주고 와야지 왜 그
냥 물러섰느냐는 것이다. 무참하게 사람을 때리고 맷값을 던
져줬다는 뉴스를 보면서 어린 시절의 그 장면이 떠올라 몸서
리쳤다.

　나는 그 후배를 그렇게 만든 원인 중에 체벌이 중요한 자리
를 차지한다고 생각한다. 그는 피해자와 맞붙어 싸운 것이 아
니다. 몰려가서 뭇매를 놓은 것도 아니다. 무릎을 꿇려놓고
"나이 먹은 사람도 돈 벌려고 꼬박꼬박 출근하는데 젊은 놈이
돈 뜯어먹으려고 한다"고 훈계하면서 '빳다'를 때린 것이다.
그 장면에서 체벌을 떠올리는 것이 비약일까? '잘못했으면 맞

는 것이 당연하다'는 생각을 심어준 어른들의 잘못을 비판한다면 잘못 짚은 것일까?

체벌은 때리는 사람에게나 맞는 사람에게나 목적 달성을 위해서는 폭력을 사용해도 좋다는 생각을 심어준다는 점에서 근본적인 문제가 있다. 몸에 새겨진 폭력성은 절대로 쉽게 지워지지 않는다. 아무리 감정이 섞이지 않은 '사랑의 매'라고 해도 마찬가지다. 학창시절 가르쳐주신 모든 선생님께 깊이 감사하고 지금도 존경하는 마음에는 변함이 없지만, 자라면서 맞은 매 중에서 한 번이라도 나를 올바른 길로 이끌어준 매가 있느냐고 묻는다면 나는 단호히 아니라고 대답할 수 있다. 그리고 사실 그 모든 매는 예외 없이 감정이 섞인 매였다. 여러분은 그렇지 않은가.

2

딜 레 마 에
빠 진 법 정

"잠깐 기다려요."

예심판사가 말했다. K는 걸음을 멈추었으나 판사 쪽은 보지도 않고,

문손잡이를 잡은 채 앞만 바라보고 있었다.

"당신에게 단단히 일러주고 싶은 게 있소.

당신은 오늘―당신은 아직 잘 모르고 있는 것 같은데―

심문을 받아서 얻게 될 이익을 빼앗겼소.

체포된 자는 심문을 받으면 어떤 경우에도 이익이 되니 말이요."

K는 문을 향해 웃었다. 그리고 소리쳤다.

"이런 사기꾼 같으니! 모든 심문을 거저 줄 테니, 당신이나 받지 그래."

―프란츠 카프카 《소송》

자백,
정말 믿을 수 있을까

피의자가 범행을 자백했는데도 무죄가 선고된 흔하지 않은 사건이 비슷한 시기에 두 건 연달아 언론에 보도된 일이 있다. 하나는 이른바 '노숙소녀 살해 사건'이고, 또 하나는 11건의 절도 사건을 자백한 미성년자와 지적장애인이 무죄를 선고받은 사건이다. 두 사건 모두 피의자들은 수사기관에서 혐의를 인정하고 자백하는 진술을 했다. 신문 과정에서 강압적인 언행이 있었다는 주장이 나오기는 했지만, 고문을 당했다거나 참기 어려운 폭행을 당했다는 얘기는 없었다. '노숙소녀 살해 사건'의 경우 자백하는 장면을 촬영한 동영상까지 있었다. 그럼에도 법원은 무죄를 선고한 것이다.

'노숙소녀 살해 사건'은 2007년 5월 14일 새벽 수원역 부근에서 노숙생활을 하던 열다섯 살 소녀가 사망한 채 발견되면서 시작된 사건이다. 경찰은 노숙인 두 명을 범인으로 지목해 체포했고, 그들은 각각 징역 5년과 벌금형을 받았다(벌금형을 받은 사람은 폭행이 시작될 때만 현장에 있다가 그곳을 떠났다는 이유로 가벼운 처벌을 받았다). 두 사람은 '꼬맹이'라는 별명으로 알려진 20대 남녀 두 명과 함께 사망한 소녀를 폭행했다고 얘기했다.

그런데 해가 바뀌어 2008년이 되자 수원역 부근에 있는 노숙인들 사이에서 이 사건의 주범이 따로 있다는 소문이 돌기 시작했다. 이번에는 검찰이 직접 나섰다. 수소문 끝에 열다섯 살부터 열아홉 살까지 5명의 미성년자를 검거했다. 가출해 노숙생활을 하는 청소년들이었다. 그중 한 소녀가 '조건만남'을 하고 받은 2만 원을 잃어버렸는데, 이들은 그 돈을 피해자가 가져갔다고 생각하고 폭행해 결국 사망하게 했다는 것이 검찰의 논리였다. 5명의 청소년들(검찰에 따르면 이들이 바로 '꼬맹이'다)은 모두 범행에 가담했다고 자백했다. 1심에서는 유죄판결을 받았지만 2심에서는 허위자백이란 이유로 무죄를 선고받았고 대법원에서 무죄가 확정되었다

결국은 자백하는 용의자들

'44건의 절도 사건'도 전개 과정이 크게 다르지 않다. 도난 사고가 빈발하는데 범인이 잡히지 않자 관할 경찰서는 곤경에 처하게 된다. 동종 사건으로 검거된 피의자를 상대로 여죄를 추궁하고 우범자를 상대로 탐문 수사를 하고 심지어 관내에 거주하는 외국인들을 상대로 조사를 했지만 별다른 성과가 없었다(수사기록에는 '보조열쇠를 육각렌치와 드라이버로 제끼고 침입하는 수법에 비추어 중국인들의 범행수법과 비슷하다'는 내용이 적혀 있다. 이를 근거로 중국인들을 용의선상에 올렸던 것이다).

초조해진 경찰은 급기야 청소년들을 상대로 수사를 확대한다. 그중 한 명에게는 "아는 형들 다 불러봐라"라는 주문까지 한다. 겁에 질린 소년은 '아는 형들'의 이름을 줄줄이 댔고, 그중 두 녕이 경찰 조사를 받게 된다. 경찰은 범행 현장의 폐쇄회로텔레비전(CCTV)에 찍힌 범인의 모습이 그들과 비슷하다면서 추궁했고(실제로는 키를 비롯한 인상착의가 달랐을 뿐만 아니라, CCTV에 찍힌 영상은 정확한 식별이 불가능한 것이었다. 조사 과정에서 피의자들이 CCTV 영상을 보여달라고 요구했지만 경찰은 "그냥 인정하라"면서 보여주지 않았다), 결국 두 사람은 44건이나 되는 절도 사건을 저질렀다고 자백했다. 그들은 애초에 '아는 형들' 이름을 대면서 자기들의 이름을 포함시킨 소년이 자신들을 밀고했

다고 생각했고, 그 소년과 함께 도둑질을 했다고 진술함으로
써 나름의 복수를 했다.

이 사건은 재판 과정에서 극적인 반전을 겪는다. 휴대전화
발신지 추적 결과 자백한 44건의 절도 사건 중 25건이 일어난
때에는 범행 현장에 있지 않았던 것이 객관적으로 밝혀진 것
이다. 아무리 자백을 했어도 도난 장소에 가지도 않은 사람이
도둑질을 했다고 할 수는 없는 법. 결국 검사는 25건의 절도
범행에 대한 기소는 취소하고 19건만 남겼는데, 재판부는 이
마저도 믿기 어렵다면서 무죄를 선고했다.

나는 우연히도 이 두 사건 모두에 대해 언론과 인터뷰를 하
게 되었다. 담당 PD들은 피의자들이 자백했다는 사실을 믿기
어려워했고, 그 이유에 대해 거듭 질문을 던졌다. "불리할 걸
뻔히 알면서 왜 범행을 했다고 자백했을까요?" "말은 안 하지
만 조사 과정에서 폭행을 당한 것 아닐까요?" "혹시 부인을
했는데 경찰관이 엉터리로 조서를 작성했을 가능성은 없나
요?"

그렇지는 않다고 생각한다. 최근 서울 양천경찰서에서 피의
자를 고문한 사건이 일어나 많은 사람들을 경악하게 했지만,
대체로 우리나라 수사기관에서 자백을 받기 위해 폭행을 하는
일은 이제 거의 없다고 보아도 좋다. 그리고 자백을 하지도 않
았는데 자백을 한 것처럼 엉터리로 조서를 '꾸미는' 경우도 이

제는 생각하기 어렵다. 그렇다면 왜 자백을 할까? 이들이 무죄라면 저지르지도 않은 죄를 인정했다는 것인데, 도대체 어떤 심리에서 그런 말을 할 수 있을까? 존 그리샴의 《고백》은 폭행·협박이 없이도 허위자백을 하게 되는 상황을 현실감 있게 묘사하고 있다.

원하던 자백, 원하지 않던 자백

'베스트셀러 제조기'라는 별명에 걸맞게 존 그리샴의 소설은 매우 단순하면서도 극적인 스토리로 이루어져 있다. 인종갈등이 여전히 남아 있고 미국에서 사형집행 건수가 가장 많은 텍사스 주의 한 고등학교에서 치어리더 여학생이 실종된다. 시체가 발견되지는 않았지만 시간이 지나면서 살해된 것이 점차 분명해진다. 그때 학교 미식축구부의 주장인 흑인 학생 돈테드럼이 그 여학생과 몰래 사귀고 있었다는 소문이 돈다. 질투에 눈먼 여학생의 백인 남자친구는 돈테의 차가 여학생이 실종된 곳 부근에 주차되어 있는 것을 보았다고 증언한다. 돈테는 체포되고 경찰의 추궁 앞에 범행을 자백한다. 나중에 변호사를 만난 돈테는 허위자백을 했다고 주장하지만, 텍사스 주법원은 그에게 사형을 선고한다. 9년의 세월이 지나고, 돈테의 사형집행일은 하루 앞으로 다가왔다.

바로 그때 자신이 진범이라고 주장하는 사람이 나타난다. 그는 성폭력 전과가 네 번 있는 전과자이자 말기 암으로 몇 개월의 시한부 생명을 선고받은 환자였다. 피해자를 본 순간부터 집착하게 되었고, 결국 납치해 수백 킬로미터 떨어진 곳까지 끌고 간 다음 살해하고 시체를 숨겼다는 것이다. 진범(!)은 사형집행을 하루만 연기해주면 피해자의 시체를 찾아 진상을 밝히겠다는 제안을 한다. 돈테의 변호인은 필사적으로 법원에 상소를 하고, 주지사에게 집행을 연기해달라고 청원한다.

그러나 아무도 그 성폭행 전과자의 자백을 믿지 않는다. 마지막 순간에 극적으로 등장해 주목을 받아보려는 사기꾼이라는 것이다. 돈테가 허위 자백을 했다고 억울함을 호소할 때는 실제로 죄를 지었으니 자백한 것이라고 몰아붙이던 사람들이 막상 진범이라는 사람이 나타나 자백을 하자 허위자백이라며 믿지 않는 것이다. 결국 돈테는 자신의 가족과 피해자의 가족이 지켜보는 가운데 극약 주사를 맞고 짧은 생을 마친다. 다음 날 성폭행 전과자는 돈테의 변호인들과 함께 피해자의 시체를 찾아 나서고, 결국 발견해서 자신의 말이 사실임을 입증한다. 텍사스 주는 억울한 사람을 사형에 처한 것이다.

돈테의 자백을 받은 경찰관은 오랜 경력을 가진 베테랑 형사였다. 신문 과정에서 그는 올바르지 않은 조사 기법을 다양하게 보여준다. 있지도 않은 공범이 자백했다고 거짓말을 하기도 하고, 경찰서로 찾아온 부모가 아들을 만나지 못하도록 막기도 한다. 그러나 결정적으로 자백을 끌어낸 것은, 변호사를 불러달라고 해야 하느냐고 묻는 돈테에게 그가 던진 이 말이라고 생각한다. "변호사는 이미 일어난 일을 바꿀 수 없어. 변호사는 피해자를 살려놓지도 못해. 변호사는 너를 구해줄 수 없어, 돈테. 하지만 우리는 할 수 있지." 고립무원의 지경에서 밤새 조사를 받은 돈테는 경찰관에게 '선처'를 받기 위해 하지도 않은 범죄를 저질렀다고 털어놓은 것이다.

변호인이 필요한 이유

실제 이런 일이 있겠느냐고 묻는 사람들에게 말해주는 사건이 있다. 1993년 11월 29일 서울 관악경찰서에 순경으로 근무하던 현직 경찰관의 애인이 여관에서 살해된 채 발견된다. 함께 투숙했던 그 경찰관이 유력한 용의자로 의심을 받았고, 동료 경찰관들의 설득 끝에 범행을 자백한다. 그는 구속된 뒤 검찰에 와서부터 범행을 부인한다. 사형이나 무기징역을 면하려면 자백을 해야 한다는 동료들의 회유에 넘어갔다는 것이다. 물론 아무도 그의 말을 믿지 않았다. 매일 얼굴을 보던 동료 경찰관들은 그에게 고문은커녕 욕설도 하지 않았다. 그럼에도 불구하고 일반인도 아닌 경찰관이 단순히 중형을 피하려고 자백을 했다는 것은 정말 믿기 어려운 것이었다. 그는 1심과 2심에서 유죄선고를 받았다. 그러나 그 뒤 극적으로 진범이 잡혔고, 그의 자백은 허위라는 것이 밝혀졌다. 대법원은 그에게 무죄를 선고했다.

때때로 수사기관에 근무하는 사람들이 '변호인이 꼭 있어야 하나'라는 생각을 한다는 느낌을 받는다. 검찰이나 경찰도 공정하게 사건의 진상을 파악하려 최선을 다하고 억울한 사람이 처벌받는 일이 없도록 노력하는데, 굳이 변호인을 선임할 필요가 있느냐고 보는 것이다. 그러나 '공정하고 양심적인' 검사나 경찰관만으로는 부족하다. 피의자가 '자기 편'이라고 느낄 수 있는 사람이 필요한 것이다. 문명국의 형사소송법이 변호인 제도를 둔 이유가 여기에 있다. 피의자가 가진 무기가 '선처를 호소하는 것'밖에 없는 상황에서는 얼마든지 허위자백이 나올 수 있다.

'노숙소녀 살해 사건'이나 '44건의 절도 사건'을 수사하고 기소한 경찰관이나 검사가 그들이 억울하다는 것을 알면서도 유죄판결을 받으려 했다고 생각하지는 않는다. 사건을 담당한 사람들은 범죄에 책임이 있는 자들을 찾으려 노력했고, 피의자들의 자백이 진실하다고 믿었을 것이다. 그러나 열정과 집

념이 잘못된 결과를 낳을 때도 분명히 있다. 돈테가 억울하게 사형당했다는 것을 알게 되었을 때 담당 검사와 경찰관은 스스로에게 이렇게 되뇌면서 자책감을 지우려고 한다. "그 녀석은 자백을 하지 말았어야 했어." 그러나 그런 독백을 하는 것만으로 책임을 면할 수 있을까? 합리적인 인간이라면 고문당하지 않는 한 허위로 자백하는 일이 없다고 믿는 수사관들에게 이 책을 읽어볼 것을 권한다.

혁명은 되고,
살인은 안 되는가

억압적 사회체제, 끝이 보이지 않는 부정부패의 만연. 이런 상황에서 혹자는 혁명을 주장하고 혹자는 개혁을 말한다. 일시에 근본적으로 사회구조를 변혁할 것인가, 혹은 점진적으로 잘못된 점을 고쳐나갈 것인가는 사회의 모순을 몸으로 겪고 살아야 했던 많은 사람들의 고민이었다. 그런데 과연 그 두 가지 방법이 전부일까? 기자 출신의 인도 작가 아라빈드 아디가는 전혀 엉뚱한 '제3의 길'을 제시해서 우리의 말문을 막히게 한다. 그의 데뷔 소설 《화이트 타이거》에 등장하는 뜻밖의 방법, 그것은 살인이다.

만연한 부패와 억압

이 책을 이해하려면 먼저 주인공이자 소설의 화자인 발람 할와이의 별명인 '화이트 타이거'의 뜻을 알아야 한다. 인도 사회 어디에서나 찾아볼 수 있는 부패의 사슬은 발람이 다니는 학교에도 존재한다. 담임은 학생들의 급식보조금을 횡령하고 정부에서 지급한 교복을 팔아먹는다. 하지만 동네 사람들은 아무도 담임을 비난하지 않는다. 교육부 공무원이 중간에 착복을 했는지 담임도 여섯 달이나 월급을 받지 못했기 때문이다. 그도 피해자 중 한 명이었던 것이다. 담임은 월급이 나오지 않는다는 핑계로 수업을 하지 않는다. 당연히 대부분의 학생들은 글을 읽을 줄도 모른다.

어느 날 학교에 장학사가 찾아온다. 마땅히 있어야 할 비품이 없고 학생들이 글도 못 읽는 것을 보고 분노하는 장학사에게 담임은 발람을 시켜보라고 말한다. 발람은 장학사가 지적하는 글을 훌륭히 읽어내고 질문에도 정확히 대답한다. 그런 그에게 장학사는 '화이트 타이거'라는 별명을 지어준다. 한 세대에 딱 한 번 나타나는 희귀한 존재, 사회를 변화시킬 수 있는 가장 뛰어난 자질이 있는 사람이라는 뜻이다. 그렇다. 우리의 주인공에게는 이 험한 정글을 헤쳐나갈 능력이 있었다. 장학사는 그에게 《마하트마 간디의 삶이 주는 어린이를 위한 교훈》이라는 책을 주면서 '진짜' 학교에서의 '진짜' 교육을 약속하고 떠난다.

물론 인도 사회는 발람이 인간답게 살도록 내버려두지 않는다. 사촌 누이가 결혼하자, 신랑에게 허리가 휘도록 지참금을 주어야 하는 인도 풍습에 따라 발람의 가족은 마을 지주에게 거액의 빚을 진다. 지주는 발람의 가족 전체가 일을 해서 빚을 갚으라고 강요하고 발람은 학교를 그만두고 찻집에서 허드렛일을 하게 된다. 진짜 교육을 약속받았던 화이트 타이거는 이제 아무런 희망도 가질 수 없게 되었다. 인력거꾼인 아버지의 뒤를 이을 것이 거의 확실해진 그의 유일한 꿈은 운전기사가 되는 것이다. 《화이트 타이거》는 이런 발람이 억압의 굴레를 끊고(!) 어엿한 기업가(!)가 되는 이야기다.

살 인 이 라 는   탈 출 구

소설은 자못 경쾌하고 가볍게 시작한다. 라디오에서 중국의 원자바오 총리가 인도를 방문한다는 뉴스를 들은 발람은 그에게 편지를 쓴다. 책 전체가 원자바오에 대한 발람의 편지로 이루어져 있는데, 자신을 '기업가인 동시에 생각하는 인간 화이트 타이거'라고 소개하는 발람은 인도의 기업가에 대해 배우고 싶으면 자수성가형 기업가인 자신을 만나야 한다고 말한다. 편지에서 발람은 자신이 걸어온 길을 설명하면서 인도 사회의 실상을 유머러스하게 묘사한다. 비참한 하층민의 생활까지도 너무나 재미있게 그려져 있어 독자들은 입가에서 웃음을 지우기 어렵고 때때로 데굴데굴 구르게 된다. 물론 현실의 상황은 결코 웃어넘길 만한 것이 아니다.

찻집 종업원으로 일하던 발람은 가족의 도움으로 운전을 배우고 우여곡절 끝에 자가용 기사로 취직을 한다. 결코 평등한 사회라고 보기 어려운 인도에서 운전기사의 할 일은 운전만이 아니다. 요리도 하고 청소도 하고 발마사지와 술심부름도 한다. 하인 또는 노예라고 불러도 어색하지 않을 역할이다. 우연인지 혹은 필연인지 그의 '주인'은 과거 그로 하여금 학교를 그만두게 만들었던 지주의 아들 아쇽이었다. 그를 모시고 다닌지 여덟 달 뒤, 발람은 아쇽을 잔인하게 살해한다.

현실이 으레 그렇듯이 젊은 주인 아쇽은 적어도 겉보기에는 악독한 사람이 아니었다. 아버지와는 달리 사회의 모순에 눈을 찌푸리기도 하고 하층민의 삶에도 관심을 가진다. 발람의 방을 찾아와서는 프라이버시를 누릴 수 있는 좀 더 나은 환경을 약속하기도 한다. 미국에서 교육받은 아내 핑키에게도 존중하는 태도를 보이고, 사업을 위해 정부 관리에게 뇌물을 가져다줄 때는 진심으로 후회하는 표정을 짓기도 한다. 한마디로 착하고 인간적인 고용주인 것이다.

이런 아쇽을 보면서 발람은 그가 하는 일을 흉내 내고 따라 하게 된다. 아쇽이 입은 옷과 비슷한 옷을 걸치고 주인의 단골인 나이트클럽에 출입해 동료 기사들의 비웃음을 사기도 하고, 주인의 아내인 핑키에게 욕정을 느끼기도 한다. 심지어 아쇽이 부패한 공무원의 소개로 만난 킴 베이싱어를 닮은 백인 여자와 호텔에 들어가는 것을 보고는 그동안 모아두었던 저금을 모두 털어 금발 아가씨를 사기도 한다(물론 하인이 주인과 같을 수는 없다. 발람이 만난 여자의 금발은 염색이었다).

발람의 이런 행동은 이해하기 어렵지 않다. 돈과 권력, 아름다운 여인들과 심지어 약간의 양심까지 모든 것을 갖춘 아쇽의 삶은 그야말로 부러움의 대상이었을 것이다. 그에 비해 발람의 인생은 무엇 하나 내세울 것이 없다. 원래 발람의 집안은 인도의 카스트제도에서 과자를 만드는 계층에 속했다. 그런데 영국의 지배가 끝나고 공식적으로 카스트제도가 붕괴되면서 약육강식의 시대가 도래하자 그마저도 유지하기 어렵게 되었다. 발람의 아버지가 인력거꾼으로 비참한 인생을 마친 것은 카스트제도 때문이 아니라 오히려 카스트제도의 붕괴로 인한 것이다. 최소한의 안정된 생활도 잃어버린 발람의 가족들은 서로 뜯어먹기에 혈안이 된다. 발람의 운전교습비를 대주었던 할머니는 발람에게 끊임없이 수입의 대부분을 바칠 것을 요구한다. 도저히 비교가 되지 않는 인생이다.

그 자신이 오랫동안 비참한 경험을 했던 조지 오웰은 그 시절을 토대로 쓴 자전적 소설 《파리와 런던의 밑바닥 생활》에서 가난한 사람이 부자를 볼 때는 증오하거나 경멸하는 것이 아니라 "언젠가는 나도 돈을 모으면 저 사람 흉내를 내게 될 거야"라는 생각을 하게 된다고 쓰고 있다. 발람이 '좋은 주인' 아쇽을 따라하는 것은 그러한 심리에서 비롯된 것이다. 그러나 아쇽이 되기 위한 발람의 처절한 노력은 무위로 그치고 만다. 주인과 하인 사이의 넘을 수 없는 차이는 한 사건을 통해 너무나 분명하게 드러나게 된다.

어느 날 밤 아쇽과 핑키 부부는 발람이 운전하는 차에 타고 데이트를 즐긴다. 기분 좋을 정도로 술에 취한 핑키는 운전을 하겠다고 고집을 부리다가 결국 발람을 뒷좌석에 태우고 직접 운전을 한다. 그러다가 어느 순간 어린아이를 치어 죽이는 사고를 내고 뺑소니를 친다. 다음날 아쇽의 동생은 발람을 불러서 종이 한 장을 내민다. 그 종이에는 사고를 낸 것이 자신이라는 발람의 자백이 적혀 있다. 발람은 '인간적인' 주인의 아내를 위해 감옥에 가야 하는 것이다.

주인이 발람에게 이런 무리한 요구를 할 수 있는 것은 발람이 감히 거부할 수 없는 안전장치가 있기 때문이다. 아쇽과 발람은 같은 마을 출신이고 아쇽은 발람의 가족을 잘 알고 있다.

만일 발람이 말을 듣지 않으면 가족이 복수를 당한다. 여자들은 성폭행을 당하고 남자들은 모조리 죽을 것이다. 발람은 실제로 이런 일이 일어나는 것을 보면서 자랐다. 발람의 가족들은 이 일을 오히려 기회로 여긴다. 발람은 주인을 위해 희생을 할 것이고, 가족은 그 보답을 받을 수 있기 때문이다.

다행인지 불행인지 교통사고는 진상이 밝혀지지 않은 채 묻혀 넘어가지만 이 일을 계기로 발람은 그가 도저히 헤어날 수 없는 거미줄, 주인과 가족의 굴레에 묶여 있다는 것을 분명히 깨닫게 된다. 그리고 어느 날 밤, 발람은 태우고 가던 아속을 살해하고 정부 관리에게 줄 돈을 훔쳐 달아난다. 주인은 죽었고 발람을 돈 버는 기계쯤으로 여기던 가족들은 살해당할 것이다. 하지만 발람은 그 돈으로 운수회사를 차려 '기업인'이 된다. 화이트 타이거는 다른 사람의 목숨을 희생해서 마침내 인간다운 생활을 누리게 된 것이다.

인 간 답 게 살 고 싶 다 는 본 능 적 욕 구

혁명은, 당연한 일이지만 불법이다. 기존의 사회체제를 뒤엎는 일을 법이 용납할 리 없다. 혁명은 폭력적인 것이고 진행 과정에서 사람이 다치거나 목숨을 잃을 수도 있다. 보통의 경우라면 처벌을 할 수밖에 없다. 하지만 사회구조 자체가 극도로 억압적이고 통상의 방법으로는 변화가 불가능할 때 그것을 벗어나기 위한 몸부림에 무조건 실정법의 잣대를 들이댈 수는 없다. 노예의 반란을 일반적인 불법행위와 같이 볼 수 없는 것이다. 저항권이라는 개념이 널리 인정되는 이유가 바로 이것이다.

그렇다면 살인은 어떨까? 주인을 위해 온갖 일을 다 하면서 주인처럼 되고 싶어했던 발람은 저지르지도 않은 죄로 감옥에 가야 한다. 그와 똑같은 처지에 있는 가족은 함께 변화를 도모하기는커녕 그런 상황을 이용해 이익을 보려고 한다. 어디에도 출구는 없고, 아마도 그는 평생 인력거꾼으로 일하다가 병에 걸려 제대로 된 치료도 받지 못하고 죽은 아버지의 운명을 따르게 될 것이다. 그런 그가 인간답게 살고 싶다는 가장 원초적인 꿈을 이루기 위해 저지른 살인은 과연 혁명과 엄청나게 다른 것일까?

잘 살아보려는 것은 본능적인 욕구다. 우석훈의 '88만원 세대'든 변희재의 '실크세대'든(한쪽은 나름의 논리 체계를 갖추고 있고 다른 한쪽은 황당무계하다는 차이가 있지만 명예훼손 소송을 피하기 위해 어느 쪽이 황당한지는 밝히지 않는다) 요즘 유행하는 세대론에 선뜻 마음이 가지 않는 것도 그것이 기성세대의 사과를 강요하기 때문이다. 나름대로 '잘 살아보기' 위해서 지금으로서는 상상하기 힘든 고난을 감수한 윗세대에게, 그 과정에서 파생된 일을 하나하나 따지면서 잘못을 인정하고 사과하라고 하는 것은 무리한 요구가 아닐 수 없다. 같은 맥락에서 발람이라는 한 개인이 잘 살아보기 위해서 한 일에 대해서도 조금은 이해하려고 노력할 수 있는 것 아닐까?

물론 발람이 저지른 행동은 살인이고, 처벌받아 마땅하다. 하지만 소설은 소설일 뿐이다. 여기서의 살인은 우리가 '스스로를 위해서 하는 모든 행위'를 뜻하는 하나의 상징에 지나지 않는다. 우리 모두는 비록 살인은 아닐지라도 발람과 같은 행동을 한다. 나만이라도 살아보자는 본능적인 욕구와 그에 따른 수많은 몸부림을 생각할 때 우리는 과연 발람에게 돌을 던질 수 있을까? 발람으로부터 솔직한 편지를 받은, '자유를 사랑하는 나라 중국'의 원자바오 총리 각하는 과연 그에게 돌을 던질 수 있을까?

복수는
법의 것?

일반인들이 잘 모르는 사실 중 하나가 수사기관에 고소장을 제출한다고 해서 바로 경찰이 출동하지는 않는다는 것이다. 물론 집에 도둑이 들거나 폭행을 당하는 등 급박한 사태가 벌어지면 112 신고를 해서 경찰관의 도움을 받을 수 있지만 이럴 때는 고소장을 제출하지 않는다. 고소장을 작성해 제출하는 사건은 대개 급한 일은 아니고 내용이 복잡한 경우가 많아서 최소한 수개월에 걸쳐 조사를 하고 결론을 내리는 것이 보통이다. 만일 고소장을 제출할 때마다 수사기관에서 피의자를 체포한다면 사업 관계로 다툼이 벌어지거나 빌려준 돈을 갚지 못하는 등 일상적 분쟁이 일어날 때마다 잡혀가는 사람이 생겨날 것이다. 그런데 여기에는 예외가 하나 있다. 바로 간통 사건이다. 최근에는 간통죄에 대해 위헌 주장이 강해지면서 처벌 강도가 낮아졌지만 얼마 전까지만 해도 간통 피의자는 글자 그대로 '끌려가는' 경우가 많았다.

간통이라는 '무거운' 범죄

간통 사건이 경찰서 문을 넘기까지 전형적인 모습은 대략 이렇다. 남편이나 아내의 수상쩍은 행적에 애태우던 배우자가 어느 날 결정적인 증거를 잡게 된다. 처음 한두 번은 용서하고 넘어가기도 하지만 어느 순간 임계점을 넘어서면 더 이상 참지 못하고 간통죄로 '집어넣겠다'는 결심을 한다. 남편 혹은 아내의 뒤를 밟아 여관에 들어가는 장면을 포착하면 경찰에 신고를 한다. 간통죄는 친고죄이기 때문에 즉석에서 고소장을 작성해 제출하고 동시에 이혼소송도 신청해야 한다. 고소장을 받은 경찰관은 피해자와 함께 방문을 두드리며 들이닥친다. 일가친척이 함께 나서는 경우도 많다. 방 안에 있던 두 남녀는 혼비백산해 옷도 제대로 갖추어 입지 못한 채 이불 속으로 숨는다. 대개 사진을 찍어서 수사기록에 첨부하는데 난리도 그런 난리가 없다. 현장에서 분을 참지 못한 피해자가 손찌검을 하는 일도 종종 일어난다. 몇 년 전까지 간통 피의자는 거의 예외 없이 구속되었고 재판에서도 실형이 선고되었다. 전형적인 사안의 경우 징역 8월에서 1년 정도를 받는 것이 보통이었다.

우리 형법상 간통죄는 다른 죄에 비해 그렇게 형이 높은 죄가 아니다. 2년 이하의 징역에 처하도록 되어 있다. 하지만 법정 최고형이 징역 3년인 상습도박, 5년인 위증, 6년인 절도, 7년인 장물취득 같은 죄보다 훨씬 무겁게 처벌받는 때가 많았다. 도둑질을 하거나 장물을 취득해도 초범은 대개 실형을 선고받지 않는다. 구속이 되지 않는 경우도 많다. 하지만 간통죄를 저지르면, 결혼생활이 이미 사실상 파탄에 이른 상태거나 배우자로부터 장기간 폭행에 시달리는 등 특별한 정상참작 사유가 없는 한, 거의 예외 없이 구속을 하고 '옥살이'를 시켜왔다.

우리나라만 그런 것이 아니다. 물론 현재 서구에서 간통죄를 처벌하는 법규정이 있는 나라는 이탈리아 정도밖에 없다고 하지만(형법 교과서에 따르면, 이탈리아 법은 아내가 간통을 하면 무조건 처벌하지만, 남편의 경우는 첩을 두어야만 처벌하도록 규정하고 있다고 한다. 하지만 이탈리아에서 실제로 이 조항이 적용되는지는 의문이다), 과거 많은 문화권에서 간통은 강간보다 훨씬 무겁게 다루어졌다. 법과 종교가 분리되지 않은 일부 국가에서는 아직도 돌팔매질에 의한 사형을 당하거나 채찍질을 당할 수 있는 범죄가 간통이다. 사회에서 용인되는 형식으로 맺어지지 않은 남녀의 성적 관계는, 그것이 합의하에 이루어졌다고 하더라도 강렬한 반감을 불러일으키는 것이다.

영원히 가슴에 남은 붉은색 'A'

도덕적 엄숙주의가 지배하던 17세기 미국 보스턴의 청교도 사회에서 간통을 저지른 남녀는 어떤 인생을 살게 되었을까? 그 시절의 간통 얘기를 다룬 소설이 너새니얼 호손의 《주홍 글자》다.

여주인공인 헤스터 프린은 나이 차이가 많이 나는 남편을 유럽에 남겨둔 채 보스턴으로 온다. 뒤따라올 예정이던 남편은 소식이 두절되고 헤스터는 혼자 산다. 그러던 어느 날 그녀는 임신을 하고 딸을 낳는다. 누군가와 성관계를 가진 것이다. 간통죄를 저지른 헤스터는 평생 부정을 상징하는 'A'자를 가슴에 달고 다녀야 하는 형을 선고받는다. 아이를 안은 채 처형대에 올라 마을 사람들의 질타를 받던 헤스터의 눈에 나이 든 남자가 들어온다. 죽은 줄 알았던 헤스터의 남편이, 하필이면 아내가 간통죄로 단죄받는 그 시각에 돌아온 것이다.

헤스터는 아이의 아버지가 누군지 밝히지 않는다. 처형대 위에서도 답변을 거부했고 의사가 된 남편이 감옥으로 찾아와

캐물었을 때도 대답하지 않았다. 남편은 누군지 모르는 연적에게 복수를 다짐한다. 그는 헤스터의 남편이라는 사실을 숨긴 채 집요하게 불륜의 상대방을 찾아다닌다.

헤스터의 연인은 마을 사람들로부터 존경받는 젊은 목사 딤즈데일이었다. 처형장에도 입회했던 그는 사랑하는 여인과 자기 아이가 뭇사람들로부터 질타받는 것을 보면서도 보호해주기는커녕 오히려 헤스터를 꾸짖는 설교를 해야만 했다. 양심의 가책과 내심의 갈등으로 그는 점점 쇠약해진다. 이러한 딤즈데일의 병을 헤스터의 남편이 치료해주게 된다. 그러던 어느 날 남편은 딤즈데일이 아이의 아버지라는 사실을 알게 된다. 그날 이후 그는 교묘한 방법으로 딤즈데일을 괴롭힌다.

감옥에서 나온 지 7년이 지난 어느 날 숲 속에서 딤즈데일을 만난 헤스터는 딸과 함께 바다 건너 유럽으로 떠나자는 제안을 한다. 딤즈데일은 제안을 받아들이고 두 사람은 새로운 희망을 갖지만, 계획을 알아챈 남편은 같은 배로 따라가려고 한다. 그들이 자유를 찾는 것은 불가능해 보인다.

장기간의 고뇌로 극도로 쇠약해진 딤즈데일은 경축일에 설교를 마친 뒤 마을 사람들이 보는 앞에서 헤스터와 딸을 데리고 처형대에 올라 자신이 불륜의 상대였음을 고백하고 숨을 거둔다. 옷을 풀어헤친 그의 가슴에는 'A'자가 새겨져 있었다. 복수를 이어가기 위해 딤즈데일의 고백을 만류했지만 뜻을 이루지 못한 헤스터의 남편은 허탈감에 빠져서인지 1년 뒤 모든 재산을 헤스터의 딸에게 남기고 죽는다. 딸을 데리고 유럽으로 건너간 헤스터는 몇 년이 지난 뒤 보스턴으로 돌아와 혼자 살다가 세상을 떠난다. 나란히 묻힌 딤즈데일과 헤스터의 무덤 앞에는 검은색 바탕에 붉은색 글자 'A'가 새겨진 묘비가 세워진다.

간통죄는 왜 유지되는가

배우자를 두고 다른 사람과 성관계를 갖는 간통을 올바른 행동이라고 할 수는 없다. 실제로 간통 사건을 다루다 보면 피해자가 지울 수 없는 상처를 입고 정신적으로 극심한 고통을 겪는 경우를 드물지 않게 본다. 자녀에게도 쓰라린 기억이 남는다. 이혼이 금지된 것도 아닌데 결혼관계를 유지한 채 간통을 하는 것은 이기적인 행동이라고 볼 수도 있다. 하지만 과연 성인 남녀가 합의하에 맺는 관계에 국가가 형벌권을 휘두르면서 개입해야 하는지는 의문의 여지가 많다.

실제 상황에서 의외로 인권침해적 조사가 빈발하는 것이 간통죄 수사다. 여관에서 잠을 자다가 붙잡힌 남녀는 혐의를 인정하는 것이 보통이지만, 만일 부인하게 되면 사건의 성격상 입증이 쉽지 않다. 그렇다고 하룻밤을 함께 보내고 나온 피의자들에게 무혐의 처분을 내리기도 곤란하기 때문에 자존심을 건드리거나 수치심을 자극하는 조사 방법의 유혹에 빠지기 쉽다. 쉽게 말하자면 "여자를 데리고 여관에 들어가서 그냥 잠만 잤다니, 당신 고자야?"라는 질문을 던지게 될 수 있다는 것이다. 이것이 부당함은 두말할 필요도 없다. 5공 치하에서 상부의 압력을 무릅쓰고 '형제복지원 사건'을 수사하는 등 특수전담 검사로 한 시절을 풍미한 김용원 변호사도 그의 저서《브레이크 없는 벤츠》에서 제발 간통 피의자에게 수치심을 주는 조사는 그만두자고 하소연한 일이 있다.

더 근본적인 문제로 들어가면 간통죄를 유지하는 목적이 무엇인지 생각해볼 필요가 있다. 형법상 간통죄는 '성풍속에 관한 죄'의 일종으로 규정되어 있다. 사회의 성풍속을 지키기 위해 합의하에 성관계를 맺은 성인 남녀를 감옥에 집어넣는 것이 과연 합당한 일일까? 시대와 장소를 뛰어넘는 '올바른 성풍속'이 존재하기는 할까? 가부장적 풍조가 강한 우리 사회에서 과거에는 생각도 할 수 없는 일이었지만, 박현욱은《아내가 결혼했다》라는 소설을 통해 한 여자를 아내로 둔 두 남자의 이야기를 설득력 있게 그린다. 세 사람은 행복한 관계를 유지하고 만족스러워한다. 세계 3대 공상과학소설(SF) 작가 중 한 명인 로버트 A. 하인라인은 서기 2075년의 달 세계를 그린 소설

《달은 무자비한 밤의 여왕》에서 여러 명의 남편과 여러 명의 아내가 한 가정을 이루는 '가계결혼'을 그럴듯하게 묘사한다. 비약이라고 할 수도 있겠지만, 그렇다면 현재의 일부일처제도 사회적 조건이나 다수의 선호에 따라 유지되는 것 아닐까? 그와 다른 형태의 관계를 가진다고 해서 단순한 비난을 넘어 '처벌'을 하는 것이 과연 정당성을 가질 수 있을까?

헌법재판소는 몇 차례에 걸쳐 간통죄가 합헌이라는 결정을 했다. 가장 최근에 있었던 결정에서는 재판관 9명 중 5명이 위헌이라는 의견을 냈지만, 법률이 위헌 결정을 받으려면 6명의 위헌 의견이 있어야 하기 때문에 간통죄가 유지되게 된 것이다. 합헌 의견을 낸 재판관들은 '혼인관계를 보호하고 사회질서를 유지하기 위하여' 간통을 처벌하는 것은 적절한 수단이라고 말했다. 그러나 과연 형벌로 혼인관계를 유지하는 것이 가능할까? 그리고 그렇게 유지되는 혼인은 부부를 행복하게 해줄 수 있을까? 엄격한 간통죄가 있었음에도 《주홍 글자》의 헤스터 부부, 딤즈데일과 딸은 모두 불행한 삶을 살았다. 헤스터가 이미 남편과 파탄 상태에 이른 이상 차라리 딤즈데일과 딸을 데리고 살 수 있도록 해주는 것이 올바른 해결책 아니었을까?

초임 검사 시절 왜 간통 피의자는 예외 없이 구속하고 실형을 받게 해야 하느냐고 상사에게 물어본 일이 있다. 그분은 나를 똑바로 쳐다보면서 "금 검사, 그런 상황에서 누가 복수를 하고 싶지 않겠나. 그 마음을 조금이라도 풀어주어야지"라고 대답했다. 나는 이 대답이야말로 간통죄의 본질을 정확히 파악한 것이라고 생각한다. 상처 입은 피해자의 마음을 풀어주고 대신 복수를 해주는 것, 그것이 지금까지 남아 있는 간통죄의 역할이다. 그렇지만 정말 그런 목적을 위한 것이라면 형벌이 아닌 다른 수단을 써야 하지 않을까?

어느 나라에나 간통을 저지른 사람에게 불이익을 주는 제도는 있다. 이혼을 당할 수 있고 위자료를 지급해야 한다. 사회적 비난도 받는다. 타이거 우즈의 불륜이 드러났을 때 그는 엄청난 비난을 감수해야 했다. 하지만 형벌로 개인의 사생활이나 부부관계를 유지하려는 나라는 이제 거의 남아 있지 않다. 로맹 가리는 《새벽의 약속》에서 전쟁이나 테러 행위에 비한다면 성적 일탈은 무한 배나 수긍할 수 있다고 하면서 "누구도 나로 하여금 성적 행위 속에서 선과 악의 기준을 보도록 만들지는 못하리라"라고 말한다. 그의 견해를 그대로 받아들일 수는 없더라도 복수를 위한 제도는, 이제는 폐지할 때가 되었다고 생각한다.

나는 나를 파괴할
권리가 있는가

언젠가 해외 카지노에서 도박을 하고 돌아온 연예인에 대한 한 평론가의 발언으로 인터넷이 떠들썩했던 일이 있다. "도박은 남에게 해를 끼치는 '범죄'가 아니라 자기에게 해를 끼치는 '질병'이죠"라며 문제된 연예인이 사과를 해야 한다면 자기 자신에게 해야 한다고 말한 것이다.

범죄를 '남에게 해를 끼치는 행위'로 정의하고, 스스로에게 피해를 입히는 행동은 범죄가 아니라고 보는 것은 상당히 광범위하게 받아들여지는 생각이다. 학생들이 교수에게 '도박이나 마약 복용을 왜 처벌하느냐'고 묻는 장면은 법과대학이나 로스쿨에서 흔히 볼 수 있는 광경이다(이 문제의 답은 그렇게 간단하지 않다. 교수들은 대개 '질문에 질문으로 답하는' 고전적인 트릭으로 위기를 빠져나간다. 학생이 도박을 왜 처벌하느냐고 물으면 "그럼, 마약사범은 왜 처벌하느냐"고 답하고, 반대로 스스로 마약을 투약한 사람에게 형벌을 가하는 이유를 물으면 도박죄의 처벌 근거를 되묻는 식이다. 미국 로스쿨에서도 똑같은 문답이 벌어지는 것을 보고 혼자 웃은 일이 있다).

남 에 게   피 해 를   끼 치 는   행 위 만   범 죄 인 가

도박을 비롯해서 마약 투약, 음주 등 중독 양상을 보이는 행위를 질병으로 분류하는 것은 타당한 분석이다. 알코올중독자에게 의지력이 부족하다며 비난만 퍼붓는 것은 사태의 본질을 파악하지 못하는 것이다. 강한 의지력을 가진 사람도 중독에 빠질 수 있다. 처벌보다는 치료가 더 필요한 경우라고 해야 한다. 그러나 남에게 피해를 끼치는 행위만 범죄라고 할 수 있는지에 관하여는 조금 더 깊은 생각이 필요하다. 먼저 "나는 나를 파괴할 권리가 있다"는 말을 했던 프랑스의 작가이자 마약 중독자 프랑수아즈 사강의 경우를 보자.

음악에 모차르트가 있는 것처럼 작가 중에도 '신동'이라고 불리는 사람들이 있다. 레몽 라디게는 스무 살에 《육체의 악마》를 썼다. 열여섯 살 소년이 전쟁에 나간 남편을 둔 유부녀와 연애하는 이야기를 그린 이 소설은 도저히 약관의 청년이 썼다고 믿기 어려울 정도로 섬세하고 정교하다. 물론 그보다 훨씬 더 어린 천재도 있다. 영국의 최연소 시인이자 낭만주의 운동의 선구자인 토머스 채터턴은 열한 살 때 옛 양피지 문서에 '엘리노어와 주가'라는 시를 써 발표하면서 그 시가 15세기 수도사인 '브리스톨 롤리'라는 사람의 작품이라고 주장했다. 그러나 브리스톨 롤리라는 수도승은 실존했던 사람이 아니다. 채터턴이 교회 묘지의 비석에서 본 이름일 뿐이다. 이 어린 소년은 자신의 머릿속에서 중세라는 하나의 세계를 상상해내고 그 속을 살아간 한 수도승의 입장에서 시를 쓴 것이다(채터턴에 관한 일화는 제임스 A. 미치너의《작가는 왜 쓰는가》에서 인용함).

모차르트가 박명한 것처럼 문학 신동들도 오래 살지 못했다. 레몽 라디게는《육체의 악마》를 쓴 바로 그해인 1923년, 스무 살의 나이에 장티푸스로 사망했다. 토머스 채터턴은 더욱 불행해서 열여덟 살에 굶어죽었는데, 청산가리를 복용해 죽음을 재촉했다고 한다. 열아홉 살의 나이에《슬픔이여 안녕》(여기서 안녕은 작별 인사가 아니라 만났을 때 하는 인사인 'Bonjour'다. 즉, 슬픔을 맞이하게 된 것을 의미한다)이라는 작품을 써서 프랑스 문단에 큰 반향을 일으킨 또 한 사람의 신동 프랑수아즈 사강은 이들과 달리 2004년에 예순아홉 살의 나이로 세상을 떠났다. 그러나 그녀의 삶은 자기 파괴의 아슬아슬한 한계를 걸었다.

20대 초반 교통사고로 입원했을 때 모르핀 중독을 경험한 사강은 일평생 각종 마약과 술, 도박에서 헤어나지 못했다. 과도한 음주로 죽을 뻔 한 고비도 여러 차례 넘겼고, 암페타민 · 코카인 등의 중독자였다. 도박을 끊지 못해 프랑스 정부에 자신에 대한 카지노 출입금지 명령을 내려줄 것을 요청하기도 한 그녀는 코카인 소지 혐의로 두 차례 체포된 일이 있다. 그에 대한 소감으로 한 말이 유명한 "타인에게 피해를 주지 않는 한, 나는 나를 파괴할 권리가 있다"이다. 소설가 김영하 는 사강의 말에서 영감을 얻어 자기 파괴의 극단이라 할 수 있는 자살을 도와주는 사람의 이야기를 소재로《나는 나를 파괴할 권리가 있다》를 썼다.

사강이 마약을 투약하고 도박에 미쳤다고 해서 특별히 다른 사람에게 피해를 입혔다는 이야기를 듣지는 못했다. 그렇다면 사회는 사강의 행위에 관여할 수 없을까? 스스로의 몸과 정신을 파괴하는 행위는 다른 사람이 관여할 수 없는 '권리'의 영역일까? 프랑스의 극우 정치가 장-마리 르펜은 사강의 약물중독을 부도덕하다고 비난하면서 그녀를 단두대로 보내야 한다고 주장했다고 한다. 그런 터무니없는 주장을 받아들일 수는 없지만 마약이나 도박의 문제를 전적으로 개인의 자유에 맡겨야 하는지는 의문이다.

마약 판매상이 될 뻔 한 전직 기자

혼자 마약을 투약하는 것이 허용되어야 한다면, 자유로운 의사로 마약을 복용하고 싶어하는 사람에게 적정한 가격으로 마약을 판매하는 것을 달리 볼 이유가 있을까? 도박을 할지 말지는 순전히 개인이 결정할 문제라고 한다면 카지노를 차리는 것도 규제할 수 없다고 해야 하지 않을까? 그러나 마약 판매상으로 거리가 가득 차고 전국에 우후죽순처럼 카지노가 생겨도 그냥 두고 보아야 한다는 것은 상식적으로 받아들이기 어렵다. 대부분의 사람들은 그렇게 생각하지 않는다. 우연히 마라화나 판매상이 될 뻔 한 전직 기자의 이야기를 유쾌하게 풀어낸 제스 월터의 책《시인들의 고군분투 생활기》에서도 마약을 판매하는 것은 보통 사람들의 세계에서는 일어날 수 없는, 그야말로 추락의 상징으로 그려진다. 물론 처벌을 받아야 한다는 데 조금의 의문도 제기되지 않는다.

소설은 여러 가지 불행을 한꺼번에 당한 주인공의 처지를 위트 있게 그려낸다. 지방 신문사에서 경제 관련 기사를 쓰던 맷 프라이스는 금융에 관한 뉴스나 자문을 시(詩)의 형태로 제공해주는 웹사이트를 만들어 대박을 내겠다는 황당한 구상을 한다. 잘 다니던 직장마저 때려치우고 'poetfolio.com'이라는 이름의 홈페이지를 만들려던 그는, 당연한 일이지만 사업을 제대로 시작해보기도 전에 좌절을 겪는다. 도대체 누가, 어떤 기업의 주가가 오를지를 소재로 한 시를 읽고 싶어하겠는가 말이다. 마침 닥쳐온 금융위기의 여파로 그는 살던 집을 팔고 아이들을 공립학교로 전학시켜야 할 위기를 맞는다. 설상가상으로 아내는 고등학교 시절의 연인이던 남자와 불륜을 저지르려고 한다.

집을 잃기 며칠 전, 절체절명의 상황에서 편의점에 우유를 사러 간 주인공은 우연히 만난 젊은이들로부터 마리화나를 권유받는다. 대학 시절 이후 수십 년 만에 마리화나를 피우게 된 그는 까맣게 잊었던 향기에 감격한다. 주변에 있는 비슷한 연배의 사람들에게 그 경험을 털어놓았다가 그들도 은밀히 마리화나를 구하고 있다는 사실을 알게 되자 마지막 남은 돈을 털어 예의 젊은이들로부터 마리화나를 산다. 평범한 중년의 실직자가 엉뚱하게 마약 판매상이 된 것이다.

미처 정신차릴 틈도 없이 마약 거래의 세계로 빠져든 주인공은 지하실에 조성된 대규모 마리화나 재배지를 400만 달러에 사라는 제안을 받기까지 한다. 화이트칼라 출신이 있는 돈을 다 털어 마리화나를 구입하는 것을 보고 젊은이들은 그가 상당한 재력이 있는 것으로 오해했던 것이다. 그러나 그 생활도 잠깐, 그는 곧 경찰에 들키고 살기 위해 정보원 노릇을 해야 할 처지에 놓인다. 결국 그마저도 제대로 하지 못하고 기소

되지만 정상참작을 받아 집행유예 판결을 받는다. 파산신청을
한 주인공이 수입은 적지만 제대로 된 직장을 잡고, 가정을 제
자리로 돌리려고 시도하는 것이 이 소설의 결말이다.

그런데 우리는 왜 처벌을 당연하게 느끼는 걸까

시를 좋아하고 기자 생활을 하던 주인공이 마리화나를 좀 피
운다고 해서 다른 사람에게 피해를 줄 것 같지는 않다. 성인이
고 사회적으로도 안정된 생활을 하는 주변 사람들에게 마리화
나를 판매한다고 해도 그들에게 큰 해악을 끼친다고 보기는
어렵다. 그러나 주인공 스스로도 자기가 처벌받아야 한다는
데 아무런 이의를 제기하지 않는다.

마약 복용, 도박 등 이른바 '피해자 없는 범죄'의 처벌 근거
를 찾는 것은 그렇게 단순하지는 않다. 만일 사회가 개인의 건
강과 안녕에 관여할 권리가 있다고 한다면, 자기 파괴의 극단
적 형태라고 할 수 있는 자살은 왜 처벌하지 않는가라는 반박
에 대답할 수 있어야 한다(물론 자살에 성공해서 죽은 사람을 처벌
할 수는 없겠지만, 최소한 실패한 사람을 자살미수죄로 처벌할 수는 있
다. 그러나 형법은 자살을 방조한 제3자를 처벌할 뿐 막상 당사자를 벌하

는 규정을 두고 있지 않다).

어떤 행위를 처벌하고 어떤 행위는 허용하는지에 관한 정교한 논리도 없다. 마약 복용이나 도박을 처벌하는 근거로 흔히 다른 범죄로 연결될 수 있다는 점을 든다. 그러나 그런 식으로 따지자면 상당수 범죄가 음주 상태에서 일어나는데도 술 마시는 행위를 처벌하지 않는 것을 설명하기 어렵다. 건강에 미치는 영향은 마리화나가 담배보다 미미하다고 한다. 그렇지만 우리나라를 비롯한 대부분의 국가는 마리화나를 피우는 행위를 범죄로 규정하고 있을 뿐 담배를 피운다고 처벌하지는 않는다. 논리적이지 않다고 볼 여지는 충분하다. 하지만 우리가 사는 세계가 정교한 이론에 따라 돌아가지 않는 것처럼, 법도 항상 정치한 논리로만 만들어지는 것은 아니다.

강원랜드가 생기기 전, 우리나라에 있는 카지노에 외국인만 출입할 수 있다는 사실은 어딘지 모순으로 보였다. 왜 우리 땅에 있는 유흥장에 우리 국민은 출입이 금지되는가. 자기 돈 가지고 노름하겠다는데 국가가 간섭하는 게 부당하다는 생각이 들기도 했다. 그러나 강원도 폐광지역을 발전시킨다는 명분으로 내국인 출입 카지노가 생기고, 그로 인해 폐인이 되다시피한 사람들이 생겨나는 것을 보면서 문제가 그렇게 간단하지 않음을 깨닫게 되었다. 타인에게 피해를 주지 않는 한 스스로를 파괴할 권리가 있다는 생각은, 논리적으로 보일지는 몰라

도, 적어도 우리가 사는 세상에 그대로 적용하기에는 너무나
단순하다.

품 안 의 자 식 과
성 인 의 기 준

코언 형제의 영화 〈시리어스 맨〉의 주인공은 유대계 물리학
교수다. 아내의 이혼 요구, 종신재직권 심사에 대한 불안 등
일상의 스트레스는 그에게 잠시도 쉴 틈을 주지 않는다. 그러
던 어느 날 가뜩이나 짜증스러운 그의 인생에 또 하나의 고통
을 선사할 한국인 학생이 한 명 등장한다. 중간고사에서 낙제
점을 받은 그 학생의 요구사항은 학점을 올려달라는 것. 수학
의 기초가 전혀 되어 있지 않은 답안에 학점을 줄 수 없다고
거절하는 주인공에게 학생은 온갖 궤변을 늘어놓다가 슬그머
니 교수실에 돈 봉투를 두고 나온다. 뒤늦게 봉투를 발견한 교
수는 경악으로 벌린 입을 다물지 못한다.

　학생을 다시 부른 주인공은 단단히 야단을 치고 절대로 학
점을 줄 수 없다고 말한다. 그러나 우리의 한국 학생은 그 정

도 엄포에 눈도 깜빡 안 한다. 그에게는 다른 나라 출신 학생들은 꿈도 꾸지 못할 비장의 무기가 있었던 것이다. 바로 '아빠'다. 며칠 뒤 교수의 집으로 학생의 아버지가 찾아온다. 자기 아들의 명예를 훼손했으니 학교에 진정하겠다는 협박(학생은 돈 봉투를 두고 나온 사실을 부인했다)과 제발 학점을 올려달라는 애걸 등 과보호의 칼을 빼든 부모만이 휘두를 수 있는 무기를 유감없이 사용한 아버지는 결국 아들의 학점을 고치는 데 성공한다.

한국 관객의 입장에서 볼 때 몹시 찝찝한 장면이고, 인터넷 영화평에는 코언 형제가 인종차별주의자라는 비난까지 올라와 있다. 그러나 과연 가슴에 손을 얹고 생각할 때 영화에 등장하는 한국 학생과 그 '아빠'의 모습이 우리 현실을 전혀 반영하지 않은 것이라고 말할 수 있을까?

자식을 금치산자로 만드는 사회

얼마 전, 많은 사람들이 공권력을 상징하는 부서 중 하나로 생각하는 기관에 근무하는 공무원들과 만나서 식사를 하다가 충격적인 얘기를 들었다. 요즘 그 기관에 들어오는 초년병들이 함께 근무하는 상사나 동료와 갈등을 겪을 때, 가끔 '엄마'가 찾아오는 경우가 있다는 것이다. 당당하게 관공서에 들어선 '엄마'는 당황하는 아들(혹은 딸)의 동료의 손을 꼭 잡고, "우리 아들(혹은 딸)을 도와달라"는 간곡한 부탁을 하고 돌아간다고 한다.

성년이 된 지 한참 지나 어엿한 직업을 갖고, 심지어 '국가의 대사(!)'를 다루는 사람들의 문제를 부모가 나서서 해결하려 드는 일은 우리 사회에서 예외적인 현상이 아니다. 외교통상부 장관의 딸이 계약직으로 특채되어 물의가 빚어졌을 때, 정작 문제가 된 당사자인 장관의 딸은 전혀 언론에 등장하지 않았고 최소한의 입장 표명도 하지 않았다. 그가 과거에 외교통상부에 5급 공무원으로 근무했던 것을 생각하면 의아한 일이 아닐 수 없다. 사무관급 공무원의 임용을 둘러싼 논란에 스스로 아무런 얘기도 하지 않고 부모를 앞세워야 하는가.

고위 공직자 임명 청문회에 빠지지 않고 등장하는 '교육을 위한 위장전입'은 자녀가 어릴 때 벌어진 일이니 부모가 해명해야 한다고 치자. 공직을 맡겠다고 나섰다가 장관인 부모의 덕으로 특혜를 입었다는 의혹이 제기되면, 최소한 스스로 항변이라도 할 수 있어야 하는 것 아닌가. 한마디 말도 없이 임용 신청만 철회하고 부모의 뒤로 숨는 것을 보면, 과연 그 인생이 자신이 사는 것인지 혹은 부모가 대신 살아주는 것인지 의심이 간다. 미국여자프로골프(LPGA)를 점령(!)한 한국 낭자들의 승전보 뒤에 자신의 삶은 내팽개치고 딸을 따라 이역만리를 떠도는 아버지 혹은 어머니의 모습이 엿보일 때 안타까움과 함께 씁쓸함을 느끼지 않을 수 없는 것은, 자신의 분야에서 세계 정상급에 오른 자녀에 대해서도 부모의 보호가 필요하다고 느끼는 우리 사회의 보편적 인식 때문이다.

자식을 아끼는 부모의 행동이 뭐 그리 잘못된 일이냐는 항변이 있을 수 있다. 장관이 자신의 딸을 특채한 것은 분명히 비난받아 마땅한 일이지만 자식을 돌보려는 부모의 마음은 심정적으로 이해가 가지 않느냐고 생각할 수도 있다. 그러나 실제로 부모가 성년의 자식을 보호하려는 것은 오히려 자식들에게 해가 된다. 적어도 법에서는 그렇게 본다. 보호를 받는 존재는 능력이 없는 존재로 다루는 것이 법의 일반적 태도이기 때문이다.

우리 민법은 미성년자, 한정치산자, 금치산자를 보호하는 제도를 두고 있다. 친권자(부모) 혹은 후견인에게 이들을 보호하는 역할을 맡긴다. 이들이 맺은 계약은 취소할 수 있게 해서 계약에 따른 책임을 면할 수 있는 제도도 두고 있다. 그런데 민법은 이렇게 보호받는 미성년자, 한정치산자, 금치산자를 '무능력자'라고 부른다. 보호를 받아야 하는 사람은 홀로 서지 못하는 무능력자로 다루는 것이다. 성년이 되었는데도 부모가 대신 나서서 자식의 일을 처리하려 하면 결국 부모 스스로 자신의 아이가 무능력자라고 선언하는 셈이다.

　물론 어떤 부모가 자식을 보호하고 싶지 않을까? 예순이 된 아들도 팔순 노모의 눈에는 여전히 어린아이에 지나지 않는다. 자식의 인생을 대신 살아주고 싶은 것은 우리나라 부모의 심정만이 아니다. 다만 그런 시도를 하면 아이가 스스로의 인생을 살지 못하게 될 위험이 있다는 것을 알고 경계할 뿐이다. 자식을 끝까지 자신의 울타리에 두려 하면 결국 비극적으로 끝나거나, 우스꽝스러운 모습을 보이게 된다. 그 우스꽝스러운 모습을 너무나 생생하게 묘사한 책이 로맹 가리의 《새벽의 약속》이다.

어 머 니 의   헌 신 ,   그   끝 은   어 디 인 가

저자인 로맹 가리와 동명의 주인공이 등장하는 이 소설은(주인공과 작가는 고향, 가족관계, 외교관 경력 등 인생 경로가 비슷하다. 아마존에는 이 책이 회고록(memoir)으로 분류되어 있다) 하나밖에 없는 아들에게 헌신하는 어머니와 그 어머니를 위해 세상과 투쟁하겠다고 결심하는 아들의 이야기다.

　어머니는 3류 배우 출신의 유대계 러시아인이다. 때로는 미장원에서 여자들에게 화장을 해주고, 때로는 위조 상표를 붙인 모자를 팔고, 때로는 호텔 복도에 진열장을 놓고 잡화를 팔면서 어렵게 생계를 꾸려나간다. 그러나 하나밖에 없는 아들에게는 항상 점심에 '비프스테이크'를 해준다. 어머니의 모습은 서양이나 우리나 다를 게 하나도 없다. 아들 앞에서는 자신은 채소밖에 좋아하지 않는데다 고기나 기름기는 절대 먹어서는 안 된다고 강조하지만, 아들이 안 볼 때는 비프스테이크를 구웠던 프라이팬에 남은 기름기를 몰래 빵으로 훑어 먹는다. 주인공은 우연히 그 모습을 보고 눈물을 흘리면서 '언젠가 세상을 다시 세워, 마침내 행복하고 정당하고 자신만만하게 된 내 어머니 앞에 갖다 바치리라는 격렬한 다짐'을 한다.

어머니의 헌신은 당연히 보호에 그치지 않는다. 아들의 장래에 엄청난 기대를 갖고, 꿈을 이루기 위해 세심한 지도를 아끼지 않는다. 어머니의 눈에 아들은 괴테, 톨스토이, 단눈치오의 뒤를 잇는 문학의 천재가 될 것이 분명하다. 아들이 수학 시험에 빵점을 맞은 것은 단지 선생들이 아들의 재능을 이해하지 못했기 때문이다. 어머니는 모파상과 하이네가 성병에 걸렸던 것을 기억하고, 분명히 문학계의 별이 될 아들에게 성병에 주의하라는 경계를 내리기도 한다(그때 아들은 불과 열두 살이었다). 물론 그렇다고 해서 여자를 멀리하라는 것은 아니다. 위대한 아들은 유럽 사교계의 수많은 미인들을 울릴 운명을 타고났기 때문이다.

어머니는 자식에 대한 자부심을 혼자 간직하는 소심한 사람이 아니었다. 이웃들 앞에서 장차 프랑스 대사가 되고, 레지옹 도뇌르 훈장을 받고, 위대한 극작가가 될 사람을 몰라본다고 호통 치다가 비웃음을 산다. 입대한 아들이 교관으로 근무하는 항공학교에 찾아가서는 동료들이 보는 가운데 "너는 영웅이 될 것이다. 장군이 되고, 가브리엘레 단눈치오가 되고, 프랑스 대사가 될 것이다!"라고 선언해서 아들을 죽고 싶도록 창피하게 만들기도 한다.

그런 어머니의 사랑을 받은 아들은 어떻게 되었을까? 제2차 세계대전에 조종사로 참전한 주인공은 끊임없이 날아오는 어머니의 편지에 격려를 받으면서 수훈을 세우고 최고 훈장을 받는다. 그러나 마침내 고향에 돌아왔을 때, 그는 이미 3년도 더 전에 어머니가 돌아가신 것을 알게 된다. 아들이 자신에게 얼마나 의지하는지 아는 어머니는 죽기 전에 250통의 편지를 미리 써놓고 친구에게 대신 부쳐달라고 부탁했던 것이다.

18년이 지난 뒤, 마흔넷이 된 아들은 해변에 누워 어머니의 뜻에 따라 산 자신의 인생을 돌이켜보며 "끝났다"라고 중얼거린다. 그때까지도 '내 손으로 내 몸을 따뜻하게 하는 법을 배운 일이 없는' 그는 마침내 어머니의 영향에서 벗어나는 것을 느끼고 "나는 살아냈다"는 말을 한다.

보호의 대상은 곧 무능력자

많은 사람들이 군대는 남자의 전유물이라고 생각하지만, 실제로 여성이 군대에서 활동한 역사는 4,000년이 넘었다고 한다. 다만 최전선에 서서 전투하는 역할을 맡는 일이 별로 없었을 뿐이다. 언뜻 생각하기에 여군이 전투에 참여하지 않는 데 대해 남자들이 불만을 가질 것 같지만, 실제로는 정반대다. 전투 병과에 근무하고, 전투기 조종사가 되고, 핵잠수함에 승선하기 위해 여성들은 오랜 투쟁을 벌여왔다. 어느 조직에서든지 '보호의 대상'이 되면 결국 '무능력자' 취급을 받게 될 뿐임을 알았기 때문이다. 아이들도 마찬가지다.

중학교에 다닐 때 '선행학습'이라는 이름으로 고등학교 수학 공부를 하는 우리 아이들은 사법시험에 합격해서 사법연수원에 입학하기 전에도 선행학습을 한다. 수년간 고시 공부를 해온 예비연수생들이 스스로 학원비를 낼 능력은 없을 테고, 결국 부모의 도움을 받게 된다. 우리나라에서 가장 어렵다는 시험에 붙은 사람들(그들은 모두 성인이다)도 부모의 영향을 벗어나지 못하는 것이다. 그리고 그들 중 상당수는 그렇게 부모의 도움으로 선행학습을 하는 것을 당연하게 받아들인다고 한다.

우리는 과연 우리 아이들을 어떻게 키우고 있는 것일까? 우리 민법의 '무능력자'에 '과보호를 받는 성인 자녀'라는 항목을 더해야 속이 시원해질까? 사무관 생활을 3년이나 한 딸은 자신의 임용을 둘러싼 논란에 대해 한마디도 하지 않은 채 부모의 뒤에 숨고, 아버지 혼자 나서서 해명하는 것이 정상일까? 장관인 아버지의 덕으로 사무관에 특채되는 딸의 인생이나, 군대 경험도 하나 없이 국방위원장인 아버지 덕에 하루아침에 당 군사위원회 부위원장이 되는 아들의 인생에 본질적인 차이가 있을까? 그들은 정말 자신의 인생을 사는 걸까? 아이들의 인생은 아이들이 살아야 하는 것 아닐까?

성매매특별법을
위한 변론

존경하는 재판장님! 현명하신 배심원 여러분!

저는 오늘 피고인 '성매매특별법'을 변론하기 위해 이 법정에 섰습니다. 피고인의 정식 명칭은 '성매매 알선 등 행위의 처벌에 관한 법률'이지만 흔히 '성매매특별법' 혹은 '성매매단속법'이라고들 하기 때문에 저도 그렇게 부르겠습니다.

2004년에 만들어진 이래 많은 사람들이 이 법을 강력히 비판하면서 폐지해야 한다고 주장해왔습니다. 법 제정 당시에 의도한 효과를 보지 못했다는 회의도 많습니다. '풍선효과' 때문에 한 곳을 단속해도 다른 곳으로 성매매 장소가 이전할 뿐이라고 합니다. 애초부터 성매매를 처벌한다는 발상 자체가 잘못되었다는 의견도 많습니다. 성매매란 원래 없어질 수 없는 것이기 때문에 처벌로 다스리려고 시도해봤자 전과자만 양산할 뿐이라고 합니다.

그러나, 이상하게 들릴지 모르지만, 사실 성매매특별법만큼 억울한 법도 찾기 어렵습니다. 많은 사람들이 이 법이 생긴 이후에 비로소 성매매를 한 남성이 처벌받게 된 것으로 알고 있는데, 그 전에도 엄연히 처벌을 하는 법이 있었습니다.

1961년 11월 9일 '윤락행위를 방지하여 국민의 풍기 정화와 인권의 존중에 기여함을 목적'으로 만들어진 '윤락행위 등 방지법'은 처음부터 '윤락행위를 한 자'와 더불어 '그 상대자'를 처벌하는 규정이 있었습니다. 물론 처음에는 3만 환 이하의 벌금, 구류 또는 과료라는 가벼운 벌칙을 두었지만 점차 법정형을 높여 2004년에 폐지되기 직전에는 '윤락행위의 상대자가 된 자'도 1년 이하의 징역형에 처할 수 있도록 되어 있었습니다. 이 자리에서 개인적인 경험을 얘기해도 된다면, 성매매특별법이 생기기 훨씬 전인 제 초임 검사 시절에도 퇴폐 이발소에 갔다가 구속된 남자를 본 일이 있다는 말을 덧붙이고 싶습니다. 그분이 이 글을 본다면 성매매특별법의 억울함에 십분 공감하시겠지만, 아마 선뜻 나서서 자신의 경험을 털어놓지는 않을 것 같습니다.

그런데도 성매매특별법은 지금 이 순간에도 사정을 잘 모르는 사람들로부터 부당한 공격을 받고 있습니다. 변호사를 하다 보면 가끔 평소 점잖은 분으로 알고 있던 의뢰인이나 아는 사람으로부터 급히 의논할 것이 있으니 만나자는 연락을 받을 때가 있습니다. 무슨 일인가 의아해하면서 나가보면 대개 비슷한 사정을 털어놓습니다. 힘든 일과를 마치고 퇴근했더니 아내가 엽서 한 장을 내밀더라는 것이지요. "○○○님께, '성매매 알선 등 행위의 처벌에 관한 법률' 위반 혐의로 조사할 내용이 있으니 ○월 ○일 ○시까지 ○○경찰서 형사과로 출석해주시기 바랍니다"라는 글귀가 적혀 있는 엽서입니다. 존경하는 재판장님, 펜은 칼보다 강하다고들 하지만, 저는 솔직히 실제 상황에서 펜이 이보다 더 큰 힘을 발휘하는 경우를 좀처럼 보지 못했습니다. 정말 사시나무처럼 떠는 사람들을 보면서 웃음을 참기 어렵습니다. 아마 아내의 손에 그런 엽서가 들어갔다는 사실 자체가 이분들에게는 더할 수 없는 처벌이 되었을 것입니다.

그러나 성매매특별법이 생기기 전에도 얼마든지 이런 일이 생길 수 있었습니다. 우리나라에서 성매매는 1947년 '공창제도 폐지령'이 공포되고, 1961년 '윤락행위 등 방지법'이 시행되면서 이미 범죄로 취급받아왔던 것입니다. 다만 성매매특별법이 제정되면서 유례없이 강력한 단속을 했을 따름입니다. 이런 사실을 근거로 피고인 성매매특별법에게 무죄를 선고해달라고 변론하는 것은 어렵지 않습니다. 그러나 저는 그것보다 조금 더 근본적인 문제를 따져보고 싶습니다. 과연 돈을 주고 성행위를 하는 것은 허용되어야 할까요? 섹스가 매매의 대상이 될 수 있을까요?

어떤 분들은 성매매가 아주 오래되었다는 이유로 처벌 무용론을 펴기도 합니다. 인류의 역사와 함께한 '매춘'을 한갓 실정법으로 없앨 수는 없다는 것이지요. 그러나 따지고 보면 이런 주장도 근거가 약하기는 마찬가지입니다. 완벽하게 막기 어렵다고 해서 반드시 허용해야 하는 것은 아니기 때문입니다. 지금까지 존재했던 어떤 사회에도 절도와 살인 등의 범죄는 있었습니다. 지구가 멸망하기 전까지 이런 범죄를 근절히기란 불가능할지 모릅니다. 그렇다고 도둑질이나 살인을 허용해야 한다고 주장하는 사람은 없습니다. 다른 사람을 해치는 것은 명백히 잘못이기 때문이지요. 따라서 성매매특별법에 문제가 있는지 없는지 결론을 내리기 위해서는 성을 매매하는 행위가 허용될 수 있는지를 따져보아야 합니다.

한편에서는 자본주의 사회에서 거의 모든 사람이 돈을 받고 온갖 행위를 하는데, 성매매만 특별 취급하는 것은 논리적이지 않다고 말합니다. 특히 감정노동에 대해 그런 얘기들을 하는데, 월급을 받고 하루 종일 손님을 상대로 웃음을 보여야 하는 직업이나 돈을 받고 성을 제공하는 행위나 정도의 차이가 있을 뿐 본질적으로 다른 것은 아니라고도 합니다. 성매매 여성을 '성노동자'라고 하는 것도 이런 입장을 반영한 것입니다. 심지어 결혼마저 일종의 제도화된 성매매라고 보기도 합니다. 그러나 과연 성매매를 감정노동, 혹은 결혼과 동일한 평면에 놓고 볼 수 있을까요?

과거와 달리 우리 사회에서 이제 노골적인 인신매매나 폭력에 의한 성매매의 강요는 찾아보기 어렵습니다. 이 때문에 성매매특별법을 비판하는 사람 중에는 실제 성매매에 종사하는 여성 중 상당수가 '자발적으로' 성매매에 나선다고 강조하는 사람들이 있습니다. 물론 그들도 성매매 여성이 '완전한 자유의지'로 그 직업을 가지게 되었다고 주장하지는 않습니다. 다만 현실세계를 살아가는 대부분의 사람은 원하는 직업을 갖기 어렵고, 때로는 정말 하기 싫은 일도 해야 할 때가 있다는 사실을 지적합니다. 그렇다고 해서 월급을 받아가며 직장생활을 하는 것을 전적으로 강요된 삶이라고 할 수는 없습니다. 그렇다면 대가를 받고 성을 제공하는 것도 하나의 직업으로 볼 수 있는 게 아니냐는 것이지요. 성매매를 합법화하면 성매매 종사자들의 권리를 보호할 수 있다는 점을 내세우기도 합니다. 그러나 정말 성매매를 '자발적인' 것이라고 볼 수 있을까요? 성매매를 하나의 직업으로 다룰 수 있을까요? 저는 결코 그럴

수 없다고 생각합니다. 이는 같은 인간으로서 넘어서는 안 되는 선을 넘는 것이고, 다른 사람을 하나의 도구로 취급하는 것이기 때문입니다.

　현명하신 배심원 여러분, 성매매 문제를 다른 방향에서 바라보는 데 도움이 될 책을 한 권 소개해드리겠습니다. 가즈오 이시구로의 《나를 보내지 마》라는 소설입니다. 이 책은 성매매에 관한 것이 아닙니다. 주인공이 성매매 여성도 아닙니다. 등장인물들은 다른 사람에게 장기를 제공하기 위해 태어난 복제인간입니다. 겉모습이나 생각하는 것이나 우리와 똑같습니다. 다만 10대 후반이 되면 정해진 절차에 따라 장기 기증을 시작해야 한다는 점이 다를 뿐입니다.

　순전히 다른 사람에게 제공할 장기의 보관자로서 존재 가치를 갖는 그들은 최대한 네 번까지 장기 제거 수술을 받을 수 있습니다. 두 번째 혹은 세 번째 수술 과정에서 죽는 경우도 있지만, 운 좋게 회복 과정을 거쳐 네 번째 수술 단계까지 가더라도 그 이후의 삶은 없습니다. 소설에서는 이렇게 표현됩니다.

　네 번째 기증이 끝나면 기술적으로는 목숨이 다했다 해도 의식이 어떤 식으로든 남아서 더 많은 기증이 일어난다는 것을 본인이 안다. 그 경계 너머에서 여러 차례 기증이 이루어진다는 것, 더 이상 회복센터도 간병사도 친구도 없다는 것, 그들이 자기 몸에서 손을 뗄 때까지 기증이 연달아 이루어지는 것을 지켜보는 것 말고는 아무것도 할 수 없다는 것을. 공포영화의 한 장면 같은 이런 이야기를 사람들은 떠올리고 싶어하지 않았다.

주인공들의 어린 시절은 그렇게 나쁘지 않습니다. '헤일섬'이라는 학교에서 친절한 선생님들에게 교육을 받으며 즐겁게 성장합니다. 서로 연애를 하기도 합니다. 그러나 그들은 결국 다른 사람을 위한 도구일 뿐 그 자체가 목적인 삶을 사는 것이 아닙니다. 네 번째 장기이식을 앞둔 남녀 주인공은 진정으로 사랑하는 커플은 수술 시기를 늦출 수 있다는 소문을 듣고 '집행 연기'를 간청하지만 차갑게 거절당합니다. 그런 제도는 애초에 없었던 것입니다. 그렇다면 도대체 애초에 왜 학교를 만들어서 이들이 다닐 수 있게 해주었던 것일까요? 헤일섬을 운영했던 교사들은 두 사람에게 이렇게 말합니다.

적어도 너희가 우리의 보호 아래 있는 동안에는 너희 모두가 좋은 환경에서 성장할 수 있게 우리는 신경을 썼다. (…) 우린 너희를 위해 적어도 그런 많은 일을 했단다. 하지만 '집행 연기'에 대한 꿈을 허용하는 건 아무리 우리라도 한계를 벗어나는 일이었어. (…) 하지만 나는, 너희의 안전을 보장해준 데 대해 우리에게 고마움을 느꼈으면 한다. 이제 너희 둘을 보렴! 너희는 멋진 추억이 있고 교육을 받았고 교양이 있어. 그 이상의 것을 해주지 못하는 건 유감이다.

그렇습니다. 도구에 불과한 삶, 스스로 결정하지 못하는 인생은 어떤 경우에도 '그 이상의 것'을 받지 못합니다.

성매매 여성을 장기이식을 위해 키우는 복제인간과 비교하는 것은 지나치지 않느냐는 비판이 있을 수 있습니다. 과연 그럴까요? 성폭력 문제에 관한 토론회에 가보면 나름대로 이름이 알려진 '논객'들이, 성매매를 심하게 단속하기 때문에 젊은 남자들이 성욕을 해소하기 어렵고 이로 인해 성폭력 사건이 증가한다는 주장을 합니다. 잠재적 성폭력 범죄자의 성욕을 해소해주기 위해 성매매 여성이 필요하다는 논리, 이보다 더 인간을 수단이나 도구로 보는 시각이 있을까요?

그래서 저는 돈을 주고 성을 매수하는 사람은 처벌을 받아야 한다고 생각합니다. 물론 저도 문제가 그렇게 간단하지 않음을 잘 알고 있습니다. 성매매를 합법화해야 성매매 여성들의 복지를 개선하기 쉬워진다는 것, 처벌한다고 해서 쉽게 근절하기 어렵다는 것도 이해합니다. 하지만 그 모든 사실에도 불구하고 어떤 사람의 삶도 다른 목적을 위한 수단이 되어서는 안 된다는 점, 세상에 '자발적인' 성매매란 있을 수 없다는 점에서 저는 성매매특별법 폐지에 단호히 반대합니다. 여러분, 모든 일에는 한도가 있는 법입니다.

　며칠 전 신문에는 '허그방'이라는 것이 우후죽순처럼 생겨난다는 기사가 실렸습니다. 3만 원을 내면 포옹을 해준다고 합니다. 1만 원을 더 내면 키스도 할 수 있다고 합니다. 이 기사를 보면서 정말 어딘가 선을 그어야 한다는 생각이 들지 않으십니까? 정말 돈을 내고 자신을 고르는 사람과 섹스를 하는 행위에 '자발적인' 경우와 '비자발적인' 경우가 구별될 수 있다고 생각하십니까?
　현명하신 배심원 여러분! 우리에게 최소한의 지켜야 할 것이 있다면 성매매는 범죄로 남아 있어야 합니다. 피고인 성매매특별법에 무죄를 선고해주시기 바랍니다.

3

확신의 순간에
빠지는 함정

"난 어떤 수도 그 이외의 임의의 수와 동일하다는 걸 보여주는

형식 체계를 발견했어. 거기 그 종이에 쓰인 건

1은 2와 같다는 증명이야. 어떤 수라도 좋으니까 두 개를 골라봐.

그것들 또한 같다는 걸 증명해 보일 테니까."

(…) 칼은 고개를 설레설레 저었다.

"잠깐 기다려봐. 1과 2가 같지 않다는 건 불을 보듯 뻔한 사실이잖아."

"하지만 형식적으로는 그렇게 돼. 지금 네가 손에 쥐고 있는 것이

바로 그 증명이야. 내가 사용한 방식은 하나도 빠짐없이

절대 이론의 여지가 없다고 간주되는 것들뿐이야."

—테드 창《영으로 나누면》

나 는 나 를
증 명 해 야 하 는 가

노벨문학상 수상자 발표를 보고 고은 시인의 수상을 기대한 많은 사람들이 실망을 감추지 못했다. 만일 우리나라 작가가 노벨문학상을 받았다면 정말 대단한 뉴스가 되었겠지만, 문학상 수상을 둘러싸고 벌어진 사건 중에서 최고로 흥미진진한 드라마는 1975년 에밀 아자르가 공쿠르 상을 받은 일이다. 에밀 아자르는 존재하지 않는 인물이기 때문이다.

성적과 서열을 중시하는 교육을 받은 탓인지 문학상에 관한 보도를 볼 때도 과연 어느 상이 가장 권위가 있는지, 이 상과 저 상 중에 어느 쪽이 더 가치 있는지 따져보고 싶은 유혹을 쉽게 뿌리치지 못한다. 세계적으로 가장 권위 있는 문학상으로 알려진 것은 물론 노벨문학상이지만 각 국가별로 들어가 보면 그리 간단하지 않다. 예를 들어 미국의 유명 작가들이 쓴 책 뒤표지를 보면 작가가 '내셔널 북 어워드'(National Book Award)를 수상했다거나 '펜/포크너 어워드'(PEN/Falkner Award)의 후보로 선정된 일이 있다거나 혹은 '퓰리처 상'(Pulitzer Prize)을 받은 일이 있다는 등의 소개가 적혀 있는 때가 있다. 올림픽에서 은메달을 100개 따도 금메달 1개에 못 미친다는 사고방식에 익숙한 나로서는 과연 어느 상이 더 높은(?) 상인지 답답할 때가 많다.

영국의 경우는 비교적 단순해서 영연방 국가의 작가가 영어로 쓴 소설을 대상으로 주는 상 중에는 '맨 부커 상'(Man Booker Prize)이 가장 권위 있는 상이라고 한다. 그러나 이마저도 원래는 '부커 상'으로 부르다가 2002년 투자회사인 '맨 그룹'(Man Group)이 후원하면서 '맨 부커 상'으로 이름이 바뀐 것이어서, 한때는 둘 중 어느 쪽이 영국에서 가장 좋은 상인지 궁금하기도 했다.

이런 점에서 볼 때 프랑스는 역시 화끈한 나라이고 문화대국이다. 별다른 이론 없이 공쿠르 상이 최고의 자리를 차지하고 있다. 20세기 가장 뛰어난 작가 중 한 명으로 알려져 있지만 기실 그의 책을 읽지는 않았기 때문에 그 이름을 들을 때마다 더 압박감에 시달리게 되는 마르셀 프루스트(번역서로 11권에 이르는 그의 대표작 《잃어버린 시간을 찾아서》를 한 번도 졸지 않고 끝까지 읽은 사람이 도대체 몇 명이나 될까), 앙드레 말로, 시몬 보부아르 등이 이 상을 탔다.

로맹 가리와 에밀 아자르

공쿠르 상의 수상자를 결정하는 데는 한 가지 원칙이 있다. 아무리 뛰어난 작품을 쓰더라도 같은 사람에게 두 번을 주지는 않는 것이다. 그러나 여기에도 예외가 있다. 1956년 《하늘의 뿌리》로 공쿠르 상을 받은 로맹 가리는 20년 가까이 지난 1975년 《자기 앞의 생》으로 다시 한 번 상을 받는다. 그러나 로맹 가리는 《자기 앞의 생》을 '에밀 아자르'라는 가명으로 출간했고, 심사위원들은 두 사람이 동일인임을 모르는 상대에서 수상자를 결정했다.

작가가 필명을 쓰는 것은 그리 드문 일이 아니다. 로맹 가리라고 해서 반드시 자기 이름으로 책을 내야 한다는 법은 없다. 그러나 그는 한 걸음 더 나아가 에밀 아자르의 역할을 할 대여을 내세웠고, 자신이 에밀 아자르가 아니냐는 질문에는 부인으로 일관했다. 에밀 아자르라는 필명으로 쓴 작품이 주목 받게 되자, 로맹 가리는 자신의 5촌 조카인 폴 파블로비치에게 아자르 행세를 해달라고 부탁한다. 아저씨의 부탁을 쾌히 승낙했을 뿐만 아니라 한 걸음 더 나아가 언론과의 인터뷰 등 유

명세를 즐기는 데 한 치의 망설임을 보이지 않은 대역 조카로
인해 사태는 점입가경으로 접어든다. 눈 밝은 평론가 몇몇이
로맹 가리의 작품과 에밀 아자르의 책에서 유사한 점을 찾아
내고 질문을 하면, 로맹 가리는 점잖은 표정으로 '젊은 작가가
표절을 좀 했다고 해서 항의할 생각은 없다고 답변했다.

두 사람이 동일인임이 확실하게 밝혀진 것은 로맹 가리가
권총자살로 생을 마감한 지 6개월이 지난 뒤의 일이다. 사후
에 출간된 소책자 《에밀 아자르의 삶과 죽음》에서 로맹 가리
는 어떤 이유로 에밀 아자르라는 존재를 만들어냈는지, 자신
의 작품에는 혹평하면서 "아! 에밀 아자르, 그는 정말 남다른
존재입니다"라고 찬탄하는 평론가들을 보면서 자신이 얼마나
즐거워했는지 담담한 필치로 밝히고 있다.

"주민등록증 좀 봅시다"

로맹 가리는, 말하자면 세상을 상대로 자신이 가지고 있는 정
체성(Identity)을 속이는 일을 벌였다고 할 수 있다. 이와 유사
한 사건이 우리나라에서도 일어났고(혹은 일어나지 않았고), 그
일을 놓고 최근까지도 논란이 끊이지 않는다. 바로 타블로의
'학력 검증' 논쟁이다.

가수 한 명의 출신학교를 놓고 언론기관은 물론 검찰과 경찰까지 동원되는 촌극을 벌인 끝에 학교 쪽에서 졸업 사실을 확인해주었으면 시비가 끝날 만도 한데, 여전히 결과에 수긍하지 않는 사람이 많은 것 같다. 호기심에 관련 카페에 가입까지 하면서 살펴보니, 아직도 해명되지 않았다는 주장이 제기되고 있었다. 그들의 논리는 (내가 이해한 바에 따르면) '다니엘 선웅 리'라는 사람이 미국 스탠퍼드대학교를 졸업한 것은 사실이지만, 현재 가수로 활동하는 타블로가 바로 그 사람이라는 증거는 없다는 것이다. 그다지 신뢰가 가지 않는 주장이지만, 이 문제가 왜 그렇게까지 뜨겁게 다루어졌는지 일부분은 알 것 같은 생각도 들었다.

우리 사회는 정체성이나 신분을 속이는 문제에서 다른 나라와 비교하기 힘들 만큼 엄격한 법규범을 갖고 있다. 주민등록법이 대표적인 예다. 5·16 직후인 1962년 "주민을 등록하게 함으로써 주민의 거주관계를 파악하고 상시로 인구의 동태를 명확히 하여 행정사무의 적정하고 간이한 처리를 도모함을 목적"으로 만들어진 이 법은 50년이 지난 지금도 우리의 생활 전반에 영향을 미치고 있다. 대한민국 국민은 이 법에 따라 성명, 성별, 생년월일, 주소, 세대주와의 관계 등을 시장, 군수 또는 구청장에게 신고해야 한다. 이중으로 주민등록을 하거나 허위사실을 신고하면 3년 이하의 징역이나 1,000만 원 이하의 벌금에 처해질 수 있다. 그뿐만이 아니다. 주민등록증을 발급받은 열일곱 살 이상의 주민에 대해 경찰은 주민등록증 제시를 '요구'할 수 있다. 만일 주민등록증을 제시하지 않으면 일정한 경우 인근 '관계 관서'에서 신원이나 거주관계를 밝히라고 요구할 수도 있다.

다른 나라에서 찾아보기 힘든 이런 법률을 당연한 것으로 알고 살아가다 보면 사고방식이나 문화도 적응하게 된다. 개그맨 심형래가 한창 인기를 끌던 시절 우스꽝스러운 목소리로 지나가는 행인에게 "주민등록증 좀 봅시다"라고 말을 거는 개그를 한 일이 있다. 알고 보면 자기 주민등록증을 잃어버렸는데 혹시 못 봤느냐고 묻는 것인데, 질문을 받은 사람들은 허겁지겁 지갑에서 주민등록증을 꺼낸다. '누구냐고 묻는 질문에는 솔직히 대답할 의무가 있다는 사고가 우리 뇌리에 깊숙이 박혀 있는 것이다.

타블로의 학력에 대해 의문을 제기하는 사람들의 의식 깊은 곳에도 이런 생각이 깔려 있는 것이 아닌가 싶다. 자신과 아무런 관계가 없는 사람에게도 얼마든지 사적인 질문을 던질 수 있다는 터무니없는 자신감, 답변에 조금이라도 의혹이 있으면 얼마든지 '증명서'를 요구할 수 있다는 황당한 고집, 그리고 만에 하나라도 제대로 된 해명을 내놓지 못하는 사람은 법적·도덕적으로 어떤 불이익도 감수해야 한다는 비논리는 이런 생각 없이는 생겨날 수 없다.

물론 그들에게도 할 말이 없는 것은 아니다. 타블로가 인기를 얻은 요인 중에는 남들이 쉽게 가지 못하는 좋은 학교를 나왔다는 점도 있는데, 만일 그것이 허위라면 당연히 질타를 받아야 하지 않겠느냐는 주장이다. 그러나 그것이야말로 타블로 개인에게 책임을 돌릴 수 없는 일이다. 가수가 노래나 춤으로 승부하는 것이 아니라 학벌로 인기를 얻었다면, 그런 현상은 우리 사회가 얼마나 삐뚤어져 있는지 보여주는 것 아닐까? 정말로 타블로가 스탠퍼드대학을 나온 사실이 없는데 학위에 대해 거짓말을 해서 유명인이 된 사실이 밝혀진다면, 타블로를 좋아한 팬들을 비롯해 우리 모두가 얼굴을 붉혀야 할 일이 아닐까? 물론 만일 타블로가 자신이 나온 학교를 속였다면 비난받을 만하지만, 적어도 내게는 학벌을 절대시하는 우리 사회의 허위의식을 이용하려는 행위보다는 "정체를 밝혀라. 왜 여권을 까서 보여주지 않느냐"고 소리 지르는 집단적 폭력이 훨씬 더 위험하고 비도덕적이라고 보인다.

로맹 가리는 곰브로비치의 말을 빌려 "사람들이 만들어준 얼굴"에 구속되기 싫어서 에밀 아자르를 만들어냈다고 한다. 그런 '얼굴'은 작가의 작품이나 작가 자신과는 아무런 상관이 없다는 것이다. 그의 말마따나 저자가 로맹 가리라는 이름을 가지든, 혹은 에밀 아자르라는 이름을 가지든 《자기 앞의 생》

은 비할 데 없이 아름답고 슬픈 소설이다. 살인범 아버지와 창녀 어머니 사이에 태어난 주인공 모모와 창녀들이 낳은 아이들을 키워주는 로사 아주머니 사이의 우정을 그린 이 책은 우리 삶에서 정말 중요한 것이 무엇인지 여러 가지 생각을 하게 한다. 모모가 이미 죽어서 부패해가는 로사 아주머니에게 화장을 해주고 향수를 뿌려가면서 3주일을 함께 지내는 대목은 쉽게 눈을 떼기 어렵다. 열네 살 소년의 눈으로 인종갈등, 안락사, 가족, 종교를 해석하는 부분도 만만치 않은 재미를 준다. 역시 중요한 것은 내용이지 그것을 둘러싼 겉치장이 아닌 것이다.

:: 덧붙이는 말

해마다 반복되는 일이지만, 노벨문학상 수상자 발표 전날 기자들이 고은 시인의 집 앞에 진을 치고 대기하는 일은 제발 그만뒀으면 한다. 발표 전까지 "이번에는 거의 확실하다"고 방정을 떨다가, 발표가 난 뒤 "이날 시인의 휴대전화는 하루 종일 통화가 되지 않았다"는 식의 신파조 기사를 쓰는 모습은 촌스럽다 못해 슬픔까지 느끼게 한다. 우리가 고은 시인을 좋아하는 것은 그의 시가 좋기 때문이지 무슨 상을 탈 것이라고 기대하기 때문은 아니지 않나. 중요한 것은 항상 내용이다.

음란함을
정하는 기준

"고전이란, 사람들이 보통 '나는 ○○○를 다시 읽고 있어'라고 말하지, '나는 지금 ○○○를 읽고 있어'라고는 결코 이야기하지 않는 책이다." 이탈로 칼비노가 《왜 고전을 읽는가》라는 책에서 한 말이다. 많은 사람이 고전에 대해 이야기할 때 인용하는 구절이고, 들으면 절로 쓴웃음이 나오면서 고개를 끄덕이게 만드는 내용이기도 하다.

맞는 말이다. 사실 따지고 보면 하나도 부끄러운 일이 아닌데도 차마 남들 앞에서 도스토옙스키의 《죄와 벌》이나 스타인벡의 《분노의 포도》를 처음 읽는다는 말을 하기는 어렵다. 더구나 누구나 내용을 아는 디포의 《로빈슨 크루소》나 셰익스피어의 《햄릿》을 읽을 때는, 주위에 실제로 완역본을 읽은 사람이 거의 없다는 것을 확신하면서도 마치 불온서적이라도 되는 양 몰래 숨어서 읽게 된다. 무엇을 배우기에 너무 늦은 때란 없다고들 하지만, 어려서 읽었어야 하는 책을 붙잡고 있으면 조금 창피해지는 것도 사실이다.

《율리시스》도 음란물이었다

물론 모든 고전이 여기에 해당하지는 않는다. 고전 중에는 평단과 독자의 찬사를 동시에 받으면서도, 너무나 심오하고, 너무나 방대하고, 너무나 어려워서 읽기는커녕 소유하는 것만으로도 뿌듯한 책들이 있다. 고전 중의 고전. 아무리 나이가 많이 들어서 처음 읽어도 부끄럽지 않은 책. 그중 하나로 내놓기에 손색이 없는 책이 제임스 조이스의 《율리시스》다.

모더니즘 문학의 최고봉으로 꼽히는 이 책은 우선 부피에서 다른 책들을 압도한다. 대형 판형으로 1,300쪽이 넘고 무게도 2.5킬로그램에 달한다. 침대에 누워 편안히 볼 만한 책은 결코 아니다. 읽지 않고 들고만 다녀도 최소한 근력 향상에는 도움이 된다는 점에서 '마음의 양식'이 아닌 '몸의 양식'으로도 부족함이 없는 책이다. 물론 이 책이 칭송을 받는 것은 당연히 외형 때문이 아니다. 조이스가 호메로스의 《오디세이아》에서 영감을 얻어 썼다는 이 소설은 내용과 형식에서 모두 평범한 독자를 질리게 만든다.

26만 5,000단어로 이루어진 이 책에는 모두 3만 30종류의 단어가 등장한다. 그중 2,000여 개는 조이스가 새로 만들어낸 단어다. 이 책을 우리말로 옮긴 김종건 교수는 1968년부터 2007년까지 40년 동안 세 번에 걸쳐 번역본을 개정해야 했다. 각각의 구절이 뜻하는 의미를 해석하려면 더욱 어려워진다. 작가인 조이스는 이 소설 속에 "너무나 많은 수수께끼와 퍼즐을 집어넣었기 때문에 학자들은 수세기에 걸쳐 그 의미를 두고 논쟁을 벌일 것이다"라고 말했다. 나를 비롯한 수많은 사람들이 이 책을 사서는 읽어볼 엄두도 못 내고 책장에 꽂아놓은 채 가끔 한 번씩 쓰다듬어보며 좋아하는 것도 무리는 아닌 것이다.

그렇다고 《율리시스》가 단지 비평가의 찬사만을 받는 박제와 같은 존재는 아니다. 소설의 내용은 1904년 6월 16일(이날은 조이스가 장래의 아내인 노라 바나클과 첫 데이트를 한 날이다) 단 하루 동안 주인공인 레오폴드 블룸이 더블린 시에서 겪는 일이다. 이날을 기념해 매년 6월 16일을 '블룸스데이'(Bloomsday)라고 부른다. 전 세계에서 이 책을 사랑하는 사람들이 더블린 시를 찾아 소설의 장면을 재현하면서 즐거워한다. '책 중의 책'은 인기도에서도 빠지지 않는 것이다.

그러나 이렇게 모든 면에서 완벽해 보이는 책에도 숨기고 싶은 과거가 있다. 믿기지 않을지 모르지만 조이스의 《율리시스》는 1922년 미국에서 '음란물'이라는 판정을 받고 판매 금지가 되었다. 소설 속에 등장하는 자위행위 장면이 문제였다. 소설을 읽고 충격을 받은 한 소녀가 검찰에 신고했다. 소설의 일부를 발췌해 실은 잡지의 발행인은 벌금형을 받았다. 판결을 선고한 판사는 이 책에 대해 "정신이 나간 사람이 쓴 것 같다"고 평했다.

1933년 랜덤하우스는 수입이 금지된 《율리시스》를 프랑스에서 들여오면서 세관에 신고를 한다. 다시 한 번 법의 판단을 받아보고 싶었던 것이다. 이번에는 다행히 문학에 대해 이해가 깊은 판사를 만났다. 연방법원 판사인 존 울시는 조이스의 '의식의 흐름' 기법을 칭송하면서 이 책이 진지한 예술작품이라는 판정을 내렸다. 등장인물들이 섹스에 대해 생각하는 장면이 반복되지만, 그들의 생각을 있는 그대로 표현하지 못한다면 "예술적으로 용서받지 못할 것"이라는 것이 판사의 결론이었다.

도대체 이렇게 두꺼운 책의 어느 부분에 성적으로 흥분이 되는 내용이 담겼는지 궁금할 따름이지만, 담당 검사는 용케도 이 책에서 성적으로 자극적인 내용을 찾아내 "소중한 도덕적·종교적·정치적 믿음에 위협"이 된다고 주장한다. 검찰은 1심에서의 패소에 굴하지 않고 항소를 했지만, 항소심 법

원은 2 대 1로 검찰의 항소를 기각한다. 다만 항소심 판사들도 대중의 불필요한 흥미를 유발하지 않기 위해 판결문을 쓸 때 소설에 나오는 구절을 한 줄도 인용하지 않기로 합의한다. 일반인에게 '문제의 소지가 있는' 것을 보여주지 않으려는 법의 끈질긴 노력은, 나라에 관계없이 눈물겨운 데가 있다.

외설이냐, 예술이냐

음란물을 근절해 사회의 도덕을 세우는 역할을 자임하는 것은 비단 미국 법률가들만이 아니다. 우리나라에서도 이른바 '외설이냐, 예술이냐' 논란이 되는 작품이 나올 때마다 전면에 등장해 예술작품의 음란성을 따지는 것은 검사와 변호사들이다. 그리고 그 과정에서 음란물로 낙인찍혀 제대로 평가를 받지 못하고 사라진 책 중 하나가 장정일의 《내게 거짓말을 해봐》라는 소설이다.

이 책은 1996년 10월 10일 김영사에서 출간되었다. 당시 초임 검사이던 나는 우연히 한 잡지에서 이런 내용의 책이 출간된다는 기사를 읽고 서점에 미리 주문해 나오는 날 바로 구입했다. 성적 묘사에 가혹하리만치 엄격한 우리 법조계의 관행에 비춰볼 때 나오자마자 단속을 당할 것이 분명하다고 생각했기 때문이다.

아니나 다를까, 이 책은 출간된 그달에 한국간행물윤리위원회에서 제재권고 결정을 받았다. 다음 달에는 출판사인 김영사의 상무가 음란물판매죄로 구속되었다. 프랑스에 체류 중이던 작가는 그해 말 귀국해 검찰 조사를 받았다. 검찰이 청구한 구속영장은 기각되었지만, 1심 재판 결과 '반성하지 않는다'는 이유로 징역 10개월을 선고받고 법정 구속되었다. 항소심 과정에서 보석으로 석방되고 집행유예를 선고받았지만 유죄판결에는 변함이 없었다. 책이 나온 지 4년 가까이 지났을 때 대법원은 유죄판결을 확정했고, 이 소설을 둘러싼 법적 논란은 끝나게 되었다.

다독으로 유명한 사람들에 비해 그리 많은 책을 가지고 있지는 않지만, 그래도 소장하는 책 중에 희귀본이 하나 있다면 바로 이 소설이다. 불법으로 낙인찍혀 더는 나올 수 없는 책의 초판본인 것이다. 책장 한구석에 꽂혀 있는 이 책을 볼 때마다 씁쓸한 기분이 드는 것은 어쩔 수 없다. 수집 가치가 있는 유일한 책이 법원에 의해 음란물로 선언된 책이라니.

소설의 내용은 의외로 단순하다. 별 볼일 없는 유부남 조각가인 제이(J)는 열여덟 살의 여고생 와이(Y)를 만나 성관계를 갖는다. 여관을 전전하며 성에 탐닉하던 두 사람은 점점 가학·피학적 성행위에 빠지고 결국 배설물을 먹거나 몸에 심한 상처를 줄 정도로 폭행을 주고받는 단계에까지 접어든다. 와이의 오빠가 사망한 것을 계기로 두 사람은 헤어지고 와이는 브라질 리우데자네이루의 SM클럽에 가서 손님들에게 채찍질을 하는 '여신'이 된다. 제이의 아내는 자신의 곁으로 돌아온 제이에게 "내게 거짓말을 해봐"라고 묻는다.

작가가 이 소설을 통해 말하려는 것이 무엇인지 한마디로 단정하기는 어렵다. 주인공인 제이는 상상 속 존재인 '신버지'의 목소리를 느낄 때마다 두려움에 떤다. '신버지'가 박정희의 파벌에 들지 못해 옷을 벗게 된 엄격한 군인이었던 제이의 아버지를 상징하는지, 혹은 독재자를 의미하는지, 혹은 억압적 사회 분위기 자체를 형상화한 것인지는 분명하지 않다. 독자에 따라 달리 해석할 수 있다.

제이는 '신버지'의 망령에 시달리면서 어린 와이와 가학적 성행위를 갖다가 나중에는 오히려 와이에게 때려달라고 부탁하는 피학적인 모습을 보인다. 그가 와이와 섹스를 하는 모습은 두 사람 사이에서 벌어지는 일이라기보다는, 오히려 제이혼자 자신을 억압하는 권력(그것이 가상이든 실제든)에서 벗어나려는 몸부림처럼 보인다.

물론 법원이 이 소설을 해석하는 시각은 우리와 다르다. 대법원 판결문에서 중시된 것은 "괴벽스럽고 변태적인 섹스 행각의 묘사가 대부분을 차지하고", "와이는 성경험이 전혀 없

는 상태에서 한 달여 동안 제이와 이른바 폰섹스를 하고 괴벽
스러운 섹스 행각을 벌이면서도 이를 자연스럽게 받아들일 뿐
아니라 이를 행복이라고 생각하는 점"이다. 이런 점을 고려할
때 "오늘날 우리 사회의 보다 개방된 성관념에 비추어보더라
도 음란하다고 보지 않을 수 없다"는 것이다.

도대체 두 사람이 전화로 성적 대화를 하거나 오럴섹스를
하는 게 왜 '괴벽스럽다'는 것인지, 성경험이 없던 여자가 섹스
를 자연스럽게 받아들이고 행복이라고 생각하면 왜 안 된다는
말인지 궁금하기 짝이 없지만, 어쨌든 '보다 개방된 성관념에
비추어보더라도 음란하다'는 데 할 말이 없다.

예 술 을   법 으 로   재 단 할   수   있 는 가

문학을 비롯한 예술을 법의 잣대로 평가하려고 애를 쓰는 것
은 법원의 오래된 전통이다. 하지만 그 기준은 명확하지도 않
고, 정당하지도 않다. 2005년에 선고된 '김인규 교사 사건'에
서 대법원은 변기 바닥에 남자의 성기를 그린 그림에 대해서
는 성기가 발기되지 않았고 작게 그려졌다는 이유로 음란물이
아니라고 하면서, 임신한 아내와 벌거벗고 찍은 사진에 대해
서는 성적 수치심을 느끼게 한다는 이유로 음란물이라고 판단

했다. 변기 그림에 대해서는 '성기가 크면 외설이고, 작으면 예술이냐'는 조롱이 따랐고, 누드 사진에 대해서는 이 작품이 광주비엔날레에 전시되었던 예술품이라는 점에서 비판이 줄을 이었다.

단순히 평가의 차이보다 더 문제가 되는 것은 예술 기법에 대해서 한 수 가르칠 자격이 있다고 자임하는 판례의 태도다. 대법원은 "꼭 본인 부부의 나신을 그렇게 적나라하게(얼굴이나 성기 부분을 적당히 가리지도 않은 채) 드러내 보여야 할 논리적 필요나 제작기법상의 필연성이 있다고 보기 어렵"다고 했다. 과연 이런 판단을 법원이 하는 것이 정당할까? 누드 사진의 얼굴 부분을 가려야 할지 말지 여부를 법이 정해야 하는 것일까?

장정일을 변호했던 강금실 전 법무장관은 이 책이 출간된 지 5년이 지난 뒤 '장정일을 위한 변명'이라는 글을 썼다. 소설에 나오는 내용 중 가장 노골적인 성 묘사가 인용되어 있지만 강 전 장관은 처벌을 받지 않았다. 그사이 인터넷이 등장했고 책이 출간되던 때에는 상상도 할 수 없는 양과 질의 포르노가 우리 주위에 존재하게 되었기 때문이다. 검찰이 강 전 장관의 글을 문제 삼아 다시 기소를 했다면 웃음거리가 되었을 것이다. 그렇다면 겨우 5년도 유지되지 못할 기준으로 문학작품을 처단한 것이 과연 올바른 일이었을까?

예술을 법으로 재단하려는 시도는, 적어도 시간이 흐른 뒤에 보면 그 정당성을 인정하기 어렵다. 1922년 제임스 조이스의 《율리시스》를 판매 금지한 미국 법원은 과연 옳은 일을 한 것일까? 2000년 장정일 의 《내게 거짓말을 해봐》를 음란물이라고 선언한 대법원은 반드시 필요한 일을 한 것일까? 이 두 개의 판결이 없었다면 사회가 조금이라도 '비도덕적'이 되었을까? 15년 전 출간된 '음란물'을 다시 읽는 내내 그런 의문이 머리를 떠나지 않는다.

신은 왜 여자를
대머리로 만들지 않았나

여자의 머리카락은 빛을 내어 남자들을 흥분시킨다. 그게 여
자가 베일로 머리를 가려야 하는 이유이다. 만약 베일을 쓰지
않는 게 더 문명화된 것이라면, 동물들이 우리보다 더 문명화
되었다고 말해야 할 것이다.

이란 출신의 작가 마르잔 사트라피의 만화 《페르세폴리스》
에 나오는 장면이다. 1979년 팔레비 국왕을 축출하고 종교혁
명을 완수한 호메이니 정권은 여성들이 의무적으로 베일을 써
야 한다고 공포한다. 이에 따라 정부 관료가 TV에 출연하여
정부 방침을 발표하면서 하는 말이 바로 위의 설명이다. 당시
열 살이던 작가는 그러한 지시에 따라 학교에서 베일을 쓰기
시작한다. 30여 년이 흐른 지금, 이에 대한 반작용이 유럽을

비롯한 서구 사회에서 일어나고 있다.

서구, 부르카 착용을 금지하다

2010년 7월 13일 프랑스 하원은 정교분리를 출범시킨 혁명기념일을 하루 앞두고 부르카·니캅 등 이슬람 여성의 얼굴 전체를 가리는 베일의 착용을 금지하는 법안을 통과시켰다. 찬성 355표, 반대 1표의 압도적인 표차다. 원래 이슬람에서 사용하는 여성용 베일에는 히잡·차도르 등 얼굴을 내놓는 것들이 있고, 부르카·니캅 등 얼굴 전체를 가리는 종류가 있다. 프랑스 하원은 그중 얼굴을 가리는 베일의 착용을 금지한 것이다.

　법률로 부르카의 착용을 금지한 것이 새삼스러운 일은 아니다. 프랑스에서는 2004년부터 이미 공립학교에서 종교적 의미를 갖는 의상이나 장신구를 착용하는 것이 금지되어 있었다. 독일은 16개 주 중에서 8개 주가 히잡 등 종교적 의상의 착용을 제한하는 법률을 가지고 있다. 교사가 학교에서 이슬람교에서 사용하는 베일을 쓰는 것은 금지된다. 그러나 그중 5개 주는 수녀복 등 기독교 계통의 종교적 의상을 착용하는 것은 허용한다. 히잡을 쓰고 학생들을 가르치는 것은 위법이지만, 수녀복을 입고 교단에 서는 것은 괜찮은 것이다. 기독교적인 서구 문화 전통을 보여주는 것은 교사의 윤리에 위반되지 않는다는 것이 그 이유다.

네덜란드에서도 공공장소에서 부르카 등 이슬람 의상을 입는 것을 금지하는 법 제정이 추진되고 있고, 덴마크에서는 같은 내용의 법이 발의되었다. 영국의 경우 법률을 만드는 데까지 이르지는 않았지만 베일 착용을 금지해야 한다는 논의가 뜨겁다. 외무장관을 지낸 잭 스트로는 언론을 상대로 "얼굴을 가리는 베일을 착용하는 이슬람 여성은 공동체 사이의 관계를 해친다"고 발언했고, 토니 블레어 총리는 이슬람 여성의 베일이 "분열의 상징"이라고 말했다.

부르카의 착용을 금지하는 근거는 다양하다. 우선 9·11 이후 급격히 대두된 안전상의 이유가 있다. 얼굴이나 신체를 가리는 종교적 의상은 테러리스트 적발을 어렵게 한다는 것이다. 덴마크에서 부르카 금지 논쟁이 촉발된 것도 베일을 쓴 여기자가 공항 검색대를 아무런 제지 없이 통과한 사실이 보도되면서부터다.

유럽 국가들이 주로 교육현장에서 부르카의 착용을 금지하다 보니 교육적인 이유도 근거로 제시된다. 학생을 가르치기 위해서는 눈을 맞출 필요가 있는데 니캅 등 얼굴을 가리는 베일을 쓰면 그것이 불가능해진다는 것이다. 그러나 가장 근본적인 이유는 사회 통합에 장애가 된다는 것이다. 얼굴을 가리는 부르카나 검은 천으로 몸 전체를 가리는 차도르는 아무리 많은 사람들 속에서도 눈에 확 들어온다. 종교적 표지를 전면에 내세우면서 소통을 거부하는 듯한 인상을 주는 것은 다수의 사회 구성원이 속하는 공동체와는 별개의, 분리된 집단을 만들어낸다는 것이다.

어떠한 이유를 내세우든 개인이 의상을 선택하는 데 국가가 개입하려는 시도는 반발을 불러올 수밖에 없다. 인권단체들은 개인의 자유에 대한 중대한 침해라는 이유로 반대한다. 부르카 등 베일은 여성이 착용하는 의상이라는 이유로 성적 차별이라는 주장이 나오기도 한다. 특히 독일과 같이 이슬람 의상을 금지하면서도 수녀복 등 기독교 계통의 옷은 허용하는 국가가 있다는 점을 들어 명백한 종교 차별이라는 반대의 목소리도 높다. 당연한 일이지만 이슬람 국가에서는 서구의 이러한 경향에 강한 비판을 가한다.

언뜻 보기에 이러한 주장은 모두 타당한 것으로 들린다. 특정한 종교를 믿는 여성이 스스로의 선택에 따라 얼굴을 가리는 베일을 쓰겠다는데 국가가 무슨 근거로 막겠다는 것인가. 기독교적 전통을 가진 나라에 그 나름의 문화가 있는 것처럼 이슬람 사회에도 마찬가지로 자신들만의 규범이 있을 수 있지 않나. 일각에서는 '테러와의 전쟁'이 선포된 이후 은연중에 이슬람교 신자 전체를 잠재적 테러리스트로 간주하고 차별하려는 음모라고 의심하기도 한다.

그런데 막상 실제로 부르카·히잡 등 베일을 쓰는 여성의 생각은 어떨까? 이란에서 태어나 자라고 서구의 생활도 겪었던 여성 마르잔 사트라피가 스스로의 삶을 만화로 그린《페르세폴리스》에서는 그 생각의 일단을 엿볼 수 있다.

"더 이상 못 참겠어! 이 나라를 뜰 거야!"

이란이 '페르시아'라는 이름을 버리고 '이란'이라는 국호를 선택한 것은 1935년 레자 샤 국왕 때의 일이다. 레자 샤는 영국을 비롯한 제국주의 열강의 꼭두각시였다. 풍요의 땅인 이란은 오래 전부터 외부의 침략이 끊이지 않았다. 그 와중에 내부의 폭군들도 사람들의 삶을 어렵게 만드는 데 한몫 단단히 했다. 작가의 아버지는 어린 마르잔에게 이란의 역사를 설명하면서 "2,500년간의 폭정과 굴종"이라는 표현을 쓴다. "그 시작은 페르시아의 왕들이었고, 다음으로 서쪽으로부터 아랍의 침공이 있었으며, 뒤를 이어서 동쪽으로부터 몽고의 침략이 있었다. 그리고 마지막은 근대 제국주의였다." 근대 제국주의가 앞세운 것이 바로 레자 샤 국왕이다. 그는 서구 문화를 도입해 여성이 차도르를 착용하는 것을 금지한다.

레자 샤의 뒤를 이은 국왕이 바로 팔레비다. 아버지의 뒤를 이어 1941년에 즉위한 그는 1953년 석유 국유화를 내세우면서 개혁을 추진한 총리 모사데크와 대립하다가 영국으로 달아났지만, 미 중앙정보국(CIA)의 조종을 받은 친위 쿠데타에 힘입어 사흘 만에 권좌에 복귀한다. 그때부터 25년간 이란 국민은 잔인하고 폭압적인 팔레비의 통치에 시달린다.

폭정에 저항하는 사람들은 투옥되고, 고문당하고, 잔인하게 살해당한다. 어린 시절의 작가가 기억하는 사건만 보더라도 끔찍하기 짝이 없다. 팔레비 정권은 수많은 사람들이 모인 극장의 문을 잠그고 불을 지른다. 그곳에서만 400명 이상이 희생되었다. 아홉 살이던 마르잔이 가정부를 따라 몰래 반정부 시위에 참여했던 '검은 금요일'에는 너무나 많은 사람이 죽었기 때문에 이스라엘 군인이 그랬다는 소문이 돌기도 했다.

이런 상황에서 1979년 호메이니가 이끄는 혁명이 성공하고 팔레비가 망명하자 모든 이란 국민은 기쁨의 눈물을 흘린다. 작가의 말대로 "우리 역사상 가장 큰 축제"가 열린 것이다. 3,000명이 넘는 정치범이 석방되었고, 그중에는 마르잔의 삼촌 아누쉬도 있었다. 반정부 활동을 하다가 소련으로 도망갔던 아누쉬는 귀국하자마자 체포되어 9년 동안의 수감생활을 했다. 아누쉬를 비롯한 사람들은 이제 새로운 시대를 꿈꾼다.

비록 혁명은 종교의 이름으로 일어났지만, 민중이 중심이 되는 세상이 될 것이다. 아누쉬는 이렇게 말한다. "(국민을 통합시켜서 혁명을 일으킨 것은 종교의 힘이지만) 종교지도자들은 나라를 운영하는 방법을 모르지. 그들은 다시 모스크로 돌아갈 테고, 프롤레타리아가 다스린다! 이건 필연이야!! 이게 바로 레닌이 《국가와 혁명》에서 설명한 것이지." 그러나 종교지도자들은 모스크로 돌아가지 않는다. 폭군은 사라졌지만, 종교의 이름으로 또 다른 절대권력이 탄생한 것이다.

팔레비가 미국으로 망명했을 때, 그가 순금 수도꼭지를 사용했었다는 것이 화제가 된 일이 있다. 호메이니를 비롯한 종교지도자들은 그런 부패와는 거리가 멀었다. 하지만 자신들의 생각을 따라올 것을 강요하는 점에서는 별로 다르지 않았다. 혁명 당시 풀려났던 정치범들은 재수감되거나 의문의 죽음을 맞았다. 9년 만에 석방되었던 아누쉬 삼촌은 러시아의 스파이라는 죄목으로 처형되었다.

그러나 그런 정치적 사건을 뛰어넘어 이란 사회를 근본적으로 어둡게 만드는 것은 종교적 교리의 강제다. 교육부는 모든 대학에 휴교령을 내린다(이 휴교령은 2년간 계속된다). TV에 출연한 교육 공무원은 이렇게 말한다. "교육 시스템, 그리고 교과서의 내용 등 전 교육 과정이 퇴폐적입니다. 모든 것이 개조되어야 합니다. 우리 아이들을 타락의 길이 아닌, 이슬람이 이

끄는 진리의 길로 이끌어야 합니다." 이제 어린 마르잔은 베일을 쓰지 않고는 학교에 갈 수 없게 되었다. 여성들은 거리에서 '그 바보 같은 스카프 두르기'를 거부한다는 전단지를 돌리지만, 갑자기 나타난 턱수염을 기른 남자들로부터 "스카프 아니면 몽둥이지!"라는 구호와 함께 폭행을 당한다. 술을 마신다는 의심을 사면 경찰에 체포된다. 마이클 잭슨 배지를 달고 다니던 마르잔은 혁명수호대 여성분과 대원들에게 끌려갈 뻔 한다. 만일 잡혀갔으면 그는 부모도 모른 채 며칠간 갇혀 있었을 것이다. 데이트가 금지되는 것은 물론이다. 젊은 남녀가 공공 장소에 함께 있으면 혁명수호대에 끌려가 채찍질을 당할 수 있다.

마르잔은 우여곡절 끝에 대학까지 졸업하지만, 결국 이란을 떠나게 된다. 작가는 머리말에서 "나는 이란이라는 한 나라가 소수의 극단주의자들이 벌이는 잘못된 행동으로 판단되는 것을 원하지 않는다"고 말하지만, 막상 조국을 떠나기 전에 동료에게 이런 말을 한다. "만약 어떤 남자가 15명의 여자 앞에서 여자 10명을 죽인다고 해도, 누구도 그에게 유죄 선고를 내릴 수 없어. 왜냐하면, 살인 사건에 대해서 우리 여자들은 증인이 될 수 없기 때문이지! 게다가 이혼할 권리도 남자에게 있어. 설령 남자가 이혼을 허락한다고 하더라도 자식에 대한 권리는 남자에게 있지! (…) 난 더 이상 못 참겠어! 이

나라를 뜰 거야!"

피 레 네 산 맥 이 쪽 의 진 리

파스칼은 "피레네 산맥 이쪽에서의 진리가 산맥의 저쪽에서
는 오류가 된다"라는 말을 했다. 한 사회에서 보편적으로 받아
들여지는 잣대로 다른 문화를 평가할 수는 없다. 이슬람 여성
이 입는 의상을 기독교적인 서구 전통과 융화되지 않는다는
이유로 금지하는 것은 받아들이기 어렵다. 개인이 무슨 옷을
입는지에까지 국가가 개입한다는 것도 합리적이라고 보기 어
렵다.

그러나 여성은 누구나 얼굴을 전부 가리고 눈만 내놓는 베
일을 써야 한다는 것을, 그것이 종교적 선택이라는 이유만으
로 지지할 수 있을까? 더욱이 그 근거로 제시되는 이유가 "여
자의 머리카락은 빛을 내어 남자들을 흥분시킨다"라는 것이
고, 지구의 적지 않은 지역에서 지금도 종교경찰이 몽둥이를
들고 베일을 쓰지 않은 여자들을 잡으러 다니는 상황에서, 부
르카를 착용한 여성이 정말 스스로의 의지로 선택을 한 것이
라고 말할 수 있을까?

부르카를 금지하는 법을 평가하는 것은 그렇게 간단하지 않

다. 종교의 자유, 문화적 다양성과 함께 양성평등, 보편적 인권의 문제 등 고려해야 할 요소는 수없이 많다. 찬성하는 주장이나 반대하는 논리나 나름의 근거가 있기 때문에 쉽게 물리치기 어렵다. 그러나 단순히 종교적 선택이라는 이유만으로 부르카를 허용해야 한다고 말하는 사람은 이 책의 작가가 대학 입학을 위한 이념 시험에서 시험관과 주고받은 이야기를 들어보아야 한다. 시험관이 "사트라피 양, 당신의 서류를 봤어요. 오스트리아에서 살았더군요. (…) 그곳에서 베일을 썼나요?"라고 묻자 마르잔은 이렇게 대답한다. "아니요. 하지만 저는 늘 이런 생각을 해왔어요. 만약 여자의 머리카락이 그렇게 많은 문젯거리가 된다면 신은 여자를 대머리로 창조했을 거라고 말이죠." 이슬람의 신이건, 기독교의 신이건, 신은 적어도 남자를 흥분시키기 위해 여자의 머리카락을 만들어내지는 않았을 것이다.

결함 있는
생명?

유전공학의 발달은 법과 윤리의 영역에서도 전에는 상상에만
머무르던 문제를 현실세계로 끌어낸다. 일상에서 일어날 수
있는 단계의 문턱까지 다다른 것 중 하나는 '디자이너 베이비'
를 둘러싼 논쟁이다. 한때 유전질환의 치료에 기여할 것으로
여겨졌던 기술을 이제 아이의 특징을 선택하는 도구로 사용하
게 되었다.

디자이너 베이비를 만들어내는 기술은 '착상 전 유전자 진단
법'(PGD · Pre-implantation Genetic Diagnosis)이다. 배아가 가진
특성을 검사해 그중 선택된 것을 자궁에 착상시키는 것이다.
이미 수년 전부터 아이의 성별을 선택하는 시술은 수천 건 행
해진 것으로 알려져 있다. 2010년 2월에는 1970년대 시험관
아기 연구의 권위자였던 제프 스타인버그가 이끄는 의료기관

에서 '아이의 머리카락과 눈 색깔을 선택할 수 있는 서비스를 제공하겠다'고 해서 큰 논란이 벌어졌다(거센 반대 여론에 못 이겨 결국 한 달 만에 포기하겠다는 발표를 했다).

　부모가 아이의 특성을 결정할 수 있다는 생각은 엄청난 반발을 불러일으켰고, 상당수 국가는 법으로 이러한 시술을 금지했다. 유전적 결함을 가진 남녀가 건강한 아이를 갖고 싶어 할 때 의학이 도움을 주는 정도는 대부분 동의할 것이다. 하지만 성별을 선택하는 것도 허용해야 할까? 외모는 어떨까? 자식이 큰 키에 건장한 체격을 갖기 바라는 것은 많은 부모의 공통된 희망일 것이다. 좀더 나아가 쌍꺼풀을 갖고 태어나게 하는 것은 괜찮을까? 작은 얼굴이나 긴 팔다리를 갖는 것은 허용할 수 있을까? 요즘 유행한다는 앞트임, 뒤트임을 처음부터 갖게 하는 것은 괜찮은가?

'완벽한 아이'를 향한 욕망

비단 외모에만 그치지 않는다. 어떤 사람은 다른 사람보다 뛰어난 기억력을 가지고 있다. 기억력이 뛰어난 유전자나 높은 지능을 가진 유전자를 장착한 배아를 선택하는 것이 허용되어야 할까? 지능이 아닌 성격은 어떨까? 자상한 성격을 가진 아이를 원하는 것은 괜찮을까? 만일 그렇다면 애국심에 불타는 부모가 '두려움을 모르는 군인형 인간'을 낳고 싶어할 때도 들어주어야 하지 않을까?

'완벽한 아이'를 향한 시도에 반대하는 논리는 무엇보다도 인간을 품질개선이 가능한 상품으로 보게 될지 모른다는 두려움에 근거를 두고 있다. 능력 있는 부모의 아이들은 날 때부터 성공에 필요한 자질을 갖추고 태어날 것이고, 그렇지 못한 아이들을 경멸하게 될 것이라는 염려다. '우월한 인종의 출현', '초인(Super Human)의 탄생'을 경계하는 목소리는 바로 이런 맥락에서 나오는 것이다. 물론 태어나는 아이의 인권도 중요한 쟁점이 된다. 유전과학은 아직 검증되지 않은 것이어서 어떤 무서운 결과를 초래할지 모른다. 아무리 많은 횟수의 동물실험을 거치고 검증에 검증을 거듭하더라도 아이가 자란 뒤에 어떤 현상이 나타날지 완벽히 예측한다는 것은 불가능하다. 이런 일들이 일반화되면 인류의 유전자풀에 돌이킬 수 없는 영향을 미칠 수 있다. 질병이나 유전적 결함을 치료하기 위해 과학의 힘을 이용하는 것은 가능하지만 '품질개선'을 위한 행위는 허용되지 않아야 한다는 데 다수의 의견이 모아지는 것은 이런 이유 때문이다.

하지만 과연 그렇게 쉽게 말할 수 있을까? 자식에게 능력이 닿는 한 최고의 것을 물려주고 싶어하는 부모의 마음에 법이 관여할 권리가 있을까? 평생 작은 키가 콤플렉스이던 사람이 자식만은 큰 키를 갖고 태어나 놀림받지 않기를 바라는 게 잘못된 것일까? TV에 출연한 한 여대생이 키가 180센티미터가 안 되는 남자는 '루저'라고 해서 많은 논란을 일으킨 일이 있다. 물론 키나 용모로 사람을 평가하는 건 잘못된 것이다. 하지만 부모에게 자식의 키를 선택할 능력이 있다면 그런 능력을 사용하지 말라고 할 수 있을까?

대머리는 어떨까? 유전공학의 안전성이 입증될 수 있다면, 대머리 만드는 유전자를 갖지 않은 배아를 선택하고 싶은 부모에게 안 된다고 할 수 있을까? 만일 대머리를 갖지 않는 것 정도는 허용한다면, 한 걸음 더 나아가 이왕이면 윤기 있고 건강한 모발을 갖게 하는 것이 왜 안 된다는 말인가. 또는 금발의 아이를 갖는 것은 허용되지 않는 것일까? 극히 일부의 주장이지만 유전공학이 발달하면 태어나는 아이가 가질 수 있는 유전적 결함을 제거하고 훌륭한 특성을 물려주는 것을 법이 의무화해야 한다는 목소리까지 나오는 것은 이런 면도 간과할 수 없기 때문이다.

디자이너 베이비의 문제는 태어나는 아이의 입장에서 볼 때 최고의 혜택을 받아야 한다는 전제에서 출발한다. 그런데 만일 다른 사람을 위해 '맞춤 제작'되는 아이가 있다면 어떻게 보아야 할까? 물론 인간을 완전히 수단으로 보아서 '전투형 인간'을 만든다거나 '순종적인 인간'을 생산하려는 시도가 있다면 두말할 필요 없이 금지해야 하겠지만, 다른 사람의 생명을 구하기 위한 일이라면 어떨까? 불치병에 걸린 자식을 둔 부모가 조직 이식이 가능한 또 한 명의 아이를 낳기 위해 유전자 검사를 이용하는 것은 허용될까? 새로 태어난 아이에게도 크게 위험한 일이 아니라면 아직 스스로 의사표현을 할 수 없는 신생아 단계에서 혈액채취나 골수이식 등을 부모가 마음대로 할 수 있을까? 만일 아이가 자라면서 반대를 하면 어떻게 될까? 몸에 대한 결정권은 부모가 아닌 자신에게 있는데 형제자매를 돕기 싫다고 한다면 법은 누구의 손을 들어주어야 할까? 조디 피콜트의 소설 《쌍둥이별: 마이 시스터즈 키퍼》는 이런 문제를 다루고 있다.

언니를 위해 존재하는 생명

변호사로 일하던 사라는 아이들이 태어나면서 일을 그만두고 전업주부가 된다. 소방관으로 일하는 남편 브라이언과 함께 행복한 삶을 꿈꾸던 그녀의 인생은 두 살 된 딸 케이트가 전골수구백혈병에 걸리면서 큰 위기를 맞게 된다. 의사는 케이트에게 골수공여자가 필요하다고 말한다. 사라 부부나 케이트의 오빠는 항원이 일치하지 않아서 공여를 할 수 없었고, 골수은 행만 바라보고 있기에는 시간이 없었다. 사라 부부는 케이트의 이상적인 공여자가 될 수 있는 배아를 선택해서 체외수정을 통해 착상한다. 언니를 위한 존재, '마이 시스터즈 키퍼'(My Sister's Keeper)인 안나가 탄생한 것이다.

안나는 태어난 지 한 달 만에 언니에게 제대혈을 제공한다. 다섯 살이 되던 해 팔꿈치 안쪽에서 피를 뽑아서 림프구를 채취했고, 수차례 똑같은 시술을 받아야 했다. 1년 뒤에는 케이트가 감염과 싸울 수 있도록 과립구를 기증했다. 골수를 채취할 때는 전신마취를 하고 엉덩이뼈에 바늘을 찔러야 했다. 백혈병 환자인 케이트는 끊임없는 병의 재발로 정상적인 생활을 하지 못하고 병원에서 살다시피 한다. 케이트가 병원에 갈 때는 안나도 같이 가야 한다.

안나는 아픈 언니를 동정하고 사랑하지만, 부모님이 항상 케이트에게만 매달리고 자신의 희생은 당연한 듯이 여기는 것이 조금은 불만이다. 오랜 기간 고대했던 하키 캠프에 못 가게 되었을 때는 "언제쯤 언니에 대한 의무에서 풀려날 수 있느냐"고 불만을 터뜨리기도 한다. 케이트의 병은 다시 악화되고 의사는 신장이식이 필요하다고 말한다. 신장을 이식한다고 해서 반드시 회복된다는 보장은 없다. 다만 신장이식을 하지 않으면 며칠 안에 신부전으로 사망하게 된다. 당연히 사라 부부는 지푸라기라도 잡는 심정으로 안나의 신장을 케이트에게 이식해야겠다고 생각한다. 하지만 안나는 이번에는 협조하지 않는다. 이제 열세 살이 된 안나는 그동안 모은 137달러 87센트를 들고 변호사를 찾는다. 부모가 신장이식을 강요하지 못하게 해달라는 소송을 제기하는 것이다.

소설은 물론 의료윤리나 신체의 자기결정권에 관한 법률 이론을 묻기 위해 만든 단순한 케이스가 아니다. 불치병을 앓는 딸을 가진 부모의 고뇌, 자녀들 사이의 갈등, 죽음을 받아들이는 사람들의 생각 등 다양한 이야기가 담겨 있다. 안나가 신장이식을 거부하게 되는 사연도 생각처럼 단순하지 않다. 언니를 위해서 태어난 '맞춤 아이' 안나의 운명에 대해 어떤 태도를 취하는 것이 옳은지는, 디자이너 베이비가 현실이 된 이 시대의 법학이 반드시 대답을 해야 하는 문제다. 불치병에 걸린 사람을 치료하기 위해 안나와 같은 존재를 만드는 게 허용되는 것일까? 신장이식은커녕 피 한 방울이라도 본인의 동의 없이 채취하는 게 과연 부모의 권리에 속하는 것일까? 그렇다고 과학이 치료의 가능성을 제공하는데 법이 그것을 가로막는 것은 또 올바른 일일까? 이 문제에 대해 우리는 무엇이라고 말해야 할까?

생명에 우열이 있는가

법과대학에서 불법행위와 손해배상책임에 대해 배울 때 만나게 되는 문제 중에 '결함 있는 생명으로 인한 소송'(wrongful life lawsuit)이라는 것이 있다. 제약회사의 잘못으로 약을 복용한 임신부가 장애아를 낳거나, 태아의 장애를 발견하지 못한 의사의 오진으로 인해 장애아를 낳은 경우 '결함 있는 생명'이라는 손해를 입었다는 이유로 제기하는 소송이다. 당연히 손해배상을 받을 수 있을 것으로 생각하기 쉽지만, 대부분의 국가에서 이런 소송은 받아들이지 않는다. '결함 있는 생명'이란 있을 수 없기 때문이다. 머리가 좋건 나쁘건, 키가 크건 작건, 성격이 착하건 포악하건, 장애가 있건 없건 모든 생명은 똑같이 소중한 것이다. 그렇기 때문에 이런 사건에서 치료비를 청구하는 것은 가능하지만 '남들보다 못한 존재'라는 이유로 배상을 받을 수는 없다.

디자이너 베이비, 치료를 위해 태어나는 아이의 문제를 바라보는 시각은 이런 관점에서 출발해야 한다. 과학의 발달은 쉽게 답하기 어려운 윤리적 딜레마를 가져온다. 양쪽의 주장 모두 일리가 있고 구체적인 사건에 모두 적용할 수 있는 일반적 원칙을 찾는 것은 불가능해 보인다. 그러나 어떠한 경우에도 기억해야 할 것은 모든 생명은 똑같이 소중하다는 사실이다. 불치병을 앓는 자식을 가진 부모의 마음이 아무리 괴롭더라도 다른 사람의 희생을 강요해서 생명을 연장할 수는 없다. 안나의 사건이 어느 나라 법원에 가더라도 승소해야 하는 것은 이런 원리 때문이다. 만일 우리가 사람의 특징을 다양성이 아닌 '품질'로 생각해서 개량이 가능하다고 여기거나, 생명이 다른 목적을 위한 수단이 될 수 있다고 생각하게 된다면 인류는 유전공학의 결과에 의해서가 아니라 우리 자신의 생각에 의해 괴물로 변모할지도 모른다.

과 학 은
정 답 일 까

하루 차이를 두고 나온 두 신문기사를 보자. 먼저 2009년 10월 14일 〈중앙일보〉에 실린 기사 내용이다.

빙하 녹아 물난리 (···) 에스키모들, 고향 등질 판

알래스카 서해안의 시워드 반도에 접해 있는 사리세프 섬 시시마레프 마을에는 이누이트(에스키모)족이 산다. 인구는 500여 명. 이들이 고향을 등져야 할 상황에 처해 있다. 1990년대 초부터 자연 방파제 역할을 하던 연안의 얼음이 녹으면서 폭풍과 해일 피해가 늘었고 해안 침식이 심각하기 때문이다. (···) 야생동물도 지구온난화의 수난을 겪고 있다. 국립공원협회 알래스카 지역 책임자인 짐 스크랜턴은 '바다 얼음이 줄어들면서 알래스카의 북극곰이 갈수록 줄고 있다'고 말했다. 북극곰의 먹이는 바다표범 새끼. 이들은 얼음 위에서 자란다. 그런데 연안의 얼음이 녹아버려 북극곰이 바다 가운데 얼음까지 가야하고, 중간에 지쳐 죽기도 한다. (…) 알래스카의 육지 빙하도 매년 8,420만 톤씩 줄어들고 있다. 알래스카 빙하가 녹은 물이 바다에 들어가서 전 세계 해수면을 매년 0.23밀리미터씩 끌어올린다. 지구 해수면은 매년 3밀리미터 상승하고 있는데 그중 1.5밀리미터는 해수 온도가 올라가면서 바닷물이 팽창한 게 원인이고 나머지 1.5밀리미터는 육지 빙하가 녹아서 생겼다.

다음은 바로 그 전날 〈조선일보〉 기사다.

지구 온도 1998년 이후 11년간 상승 안 해

지구 역사상 가장 무더웠던 해는 최근인 2008년이나 2007년이 아니라 1998년이다. 영국 BBC 방송은 지난 11년간 지구 온도가 거의 상승하지 않았으며, 그 기간 지구 온도 상승의 주범으로 알려진 온실가스의 배출이 증가한 점을 감안하면 이례적인 일이라고 보도했다. (…) 또 현재 관심을 끄는 사안은 지구의 '열 저장소'로 불리는 바다의 상태다. 웨스턴워싱턴대의 돈 이스터브룩 교수는 "1980~1990년대엔 대양의 온도가 상승하는 주기에 있었지만, 최근 하락 주기를 맞았다"며 "이는 향후 지구 온도도 하락할 것임을 뜻한다"고 말했다.

어리둥절하지 않은가. 지구의 온도가 매년 상승하고 있는데 그 원인이 어디에 있는지를 놓고 논쟁이 벌어진다면 충분히 이해가 간다. 하지만 지구의 온도가 올라가고 있는지, 내려가고 있는지에 대해서조차 합의가 이루어지지 않는다는 것은 납득하기 어렵다. 온도계를 읽는 데 노벨물리학상에 빛나는 과학자가 필요한 것은 아니지 않는가. 지구 곳곳의 온도를 측정해서 과거의 측정치와 비교하는 것이 그렇게 어려운 일일까?

지구온난화를 둘러싼 진실들

마이클 크라이튼의 소설 《공포의 제국》은 그러나, 이 단순한 작업이 그렇게 간단한 일이 아니라는 것을 보여준다. 소설은 충격적인 내용으로 가득 차 있다. 기금을 모으는 데만 정신이 팔린 극단적 환경보호운동가들이 눈 하나 깜빡하지 않고 살인을 저지른다. 현재 가장 인기리에 팔리고(?) 있는 지구온난화 이론을 입증하기 위해서 인위적인 기상이변을 일으키려는 시도를 하기도 한다. 소풍 나온 어린이들이 모여 있는 국립공원에 번개를 치게 하고 쓰나미를 발생시키기 위해서 인공적인

지진을 일으키려는 노력도 한다. 그 과정에서 다수의 생명이 위험에 처하는 것에는 신경도 쓰지 않는다. 환경보호 행사에 참석해서 구호를 외치고 하이브리드차를 운전하는 것을 자랑으로 여기는 유명 인사들이 막상 엄청난 연료를 소비하는 자가용 제트기로 여행을 즐기는 모순을 꼬집는 대목도 등장한다.

그러나 더욱 놀라운 것은 지구온난화에 관한 우리의 상식을 뒤흔드는 대목들이다. 대부분의 사람들은 현재 지구의 온도가 비정상적으로 높아지고 있다고 생각한다. 그리고 그 원인으로는 인류가 배출하는 온실가스, 즉 이산화탄소를 떠올린다. 온실효과로 지표면의 온도가 올라가면 해수면이 상승해서 낮은 지대의 도시가 물에 잠기게 되고 엄청난 기상이변이 일어난다. 이런 현상은 인류의 생존을 직접적으로 위협하기 때문에 어떠한 희생을 감수하고서라도 이산화탄소 배출량을 낮추는 데 총력을 기울여야 한다. 그 구체적인 방법으로 제시되는 것이 교토의정서다. 그러므로 교토의정서를 비준하지 않는 것은 인류에 대한 배신행위나 다름없고 단호히 배격되어야 한다는 것이 일반적인 생각이다. 이 책은 그런 논리에 근거가 전혀 없거나, 있더라도 희박하다는 주장을 하고 있다.

소설에 각주를 붙이고 참고문헌 목록을 싣는 특이한 습관을 가진 마이클 크라이튼의 책인 만큼 광범위한 조사와 탄탄한 자료를 배경으로 하고 있기 때문에 지구온난화에 관한 저자의 주장을 소설적 상상력의 산물이라고 쉽게 치부하기는 어렵다. 과연 지구온난화 이론은 잘못된 것일까? 완전히 틀렸다고 할 수는 없더라도 오류일 가능성이 상당히 높은 가설에 불과한 것일까? 만일 그렇다면 어떻게 그런 이론이 이토록 광범위하게 상식으로 자리잡게 되었을까? 저자는 몇 가지 이유를 제시한다.

첫째는 선입견이 실험이나 관찰 결과 자체에 영향을 미친다는 것이다. 책에서는 동일한 유전자를 가진 쥐들을 두 연구소에 보내면서 한 연구소에는 높은 지능을 갖도록 번식시켜서 빨리 미로를 통과할 수 있는 쥐들이라고 알려주고, 다른 연구소에는 지능이 낮은 쥐들이라고 알려주면 실제 실험의 결과도 그렇게 나온다는 예를 들고 있다. 두 번째 이유는 정치가들이 사람들을 통제하기 위해서는 '공포'가 필요하기 때문에 근거가 희박한 이론이라도 퍼뜨린다는 것이다.

실제로 지구온난화 이론이 그러한 경위로 만들어진 것인지 확언하기는 어렵다. 하지만 상당한 근거를 제시하면서 그럴 가능성이 있다는 것, 그렇기 때문에 아무리 널리 받아들여지는 가설이더라도 한 번쯤 의심해보아야 한다는 것, 특히 그런 의심을 갖는 것 때문에 인기 없고 비난받기 쉬운 불리한 처지에 놓이게 되더라도 망설이지 말아야 한다는 저자의 말은 경청할 만한 것임이 틀림없다.

　실제로 기상이변에 관한 언론 보도를 검색해보면 별다른 근거도 없이 거의 무조건적으로 지구온난화를 그 주범으로 지목하는 것을 볼 수 있다. 일반인들도 현대에 와서 일어나는 급격한 기후변화는 온실효과 때문이라고 생각하는 것이 보통이다. 그러나 기후변화를 연구하는 기상학자들조차 정확한 원인에 대해 확신하지 못하는 상황에서 이런 식의 단정은 성급하다고 할 수밖에 없다. 특히 토네이도·태풍·엘리뇨 등 이상 현상의 발생 건수가 일반적인 믿음과는 달리 예전에 비해 늘지 않았다는 자료를 보면 우리의 상식이 선입견에 근거한 것이 아닐까 하는 의심이 커진다.

지구온난화보다 더 위험한 것은?

다시 최초의 신문기사로 돌아가보자. 과연 지구는 더워지는가? 과학자들은 정도의 차이는 있지만 지구 온도가 어느 정도 올라간다고 보는 것 같다. 지구온난화 이론에 비판적인 태도를 취하는 사람들도 지표면의 온도가 상승한다는 사실에는 대체로 동의하고 있다. 다만 그 정도가 무시해도 좋을 정도로 작다고 보는 것이다. 《지구온난화에 속지 마라》의 저자 프레드 싱거와 데니스 에이버리는 현재 1,500년 주기의 기후변동에서 온난화가 진행되는 중이기 때문에 지구 온도가 상승하고 있지만 그 정도는 미미하다고 말한다. '지구온난화에 관한 어느 기후 과학자의 불편한 고백'이라는 부제가 붙은 《기후 커넥션》을 쓴 로이 W. 스펜서는 2100년까지 이산화탄소의 농도가 산업화 이전에 비해서 두 배 늘어나지만 지표면 온도는 0.5도 상승하는 데 그친다고 말한다.

기상 이론에 관해서 완벽한 문외한인 나에게 답을 내보라고 한다면? 글쎄, 굳이 대답을 해야 한다면 '자료가 부족해서 판단을 하기 어렵다'는 말 이상은 하기 어려울 것 같다. 대부분의 과학자가 기온이 상승한다는데 어째서 동의하지 못하느냐고? 지금으로부터 30여 년 전에 불과한 1975년 미국 국립과학기술원은 앞으로 100년 이내에 지구가 심각하게 추워질 것이라고 예측했다. 당시 로렌 폰테는 《한랭화가 진행됨: 다음 빙하기가 벌써 시작된 것일까? 우리는 과연 생존할 수 있을 것인가?》라는 책에서 "국립과학기술원의 보고서는 충격적인 것이다. 왜냐하면 세계에서 가장 권위 있는 과학자들이 빙하기가 가까운 미래에 시작될 것이라고 경고하고 있기 때문이다. 국립과학기술원은 10만 년 동안 지속될지도 모르는 한랭한 기후에 대한 연구를 위해 연구비를 4배로 늘려줄 것을 정부에 요청했다"고 쓰고 있다. 폰테는 대중을 상대로 한 연설에서 "지구한랭화는 앞으로 11만 년 동안 대처해야 할 사회적 · 정치적 문제다. 이 문제에 관한 정책 결정에 대중이 동참하는 것은, 우리 자신과, 우리의 자손과, 인류 전체의 생존을 위해서 아주 중요한 일이다"(프레드 싱거 등 《지구온난화에 속지 마라》에서 인용)라고 말했다 한다.

고작 30년 전에 10만 년 동안 지속될 빙하기가 온다고 법석을 떨던 사람들이 갑자기 지구가 더워져서 인류가 멸망할지도 모른다고 떠들어댄다면 그 말에 믿음을 갖기는 쉽지 않다.

환경을 보호하자는 운동에 반대할 마음은 전혀 없다. 앨 고어가 지구온난화 문제는 자신에게 '영적인 문제'라고 했다고 해서 그가 환경보호 문제를 종교의 차원으로 바라보고 있다고 생각하지는 않는다. 그러나 만일 어떤 목적을 위해서 개관적인 자료를 특정한 방향으로 읽어내려고 하거나 실제로 발생하는 현상과 일치하지 않는 이론을 밀어붙이려는 시도가 있다면 단호히 배격해야 한다고 생각한다. 그런 행동은 옳지 못할 뿐만 아니라 애초에 순수한 의도로 시작된 일, 예를 들면 환경보호운동에도 치명상을 입힐 수 있기 때문이다.

황우석 사건이 처음 논란이 되었을 때 '국익'이라는 단어가 사람들의 입에 많이 오르내렸다. 줄기세포연구라는 엄밀한 과학의 영역에 도대체 국가의 경제적 이익이 어떻게 관련이 있다는 것인지 도저히 이해할 수 없지만, 만일 특정한 목적을 위해서는 실험을 조작하거나 논문에 허위 내용을 써도 좋다는 의미라면 잘못된 생각이라고 하지 않을 수 없다.

한 국가의 이익이 아니라 인류 전체의 생존이라는 거창한 명제라고 하더라도 객관적이어야 할 과학에 개입해서는 안 된다. 머릿속에 일정한 결과를 바라는 생각이 자리를 잡고 있으면 진리를 탐구하는 것은 처음부터 불가능해진다. 과학이 명분과 선입견에 휘둘리게 되면 결국 우리는 온도계를 읽는 간단한 관찰마저 제대로 해내지 못하게 된다. 과학이 숨겨진 의도를 갖는 것과 지구온난화 현상, 그 두 가지 중에 어떤 것이 인류의 생존에 더 위협적이냐고 묻는다면 나는 조심스럽게 전자라고 대답할 것이다.

전능하신
신의 이름으로

항소심까지 무죄가 선고되기는 했지만, 〈PD수첩〉 사건에서
검찰은 제작진에게 징역 2~3년을 구형했었다. 정부 정책을
비판한 시사 프로그램의 내용이 문제가 되어 언론인이 징역형
을 받을 수도 있는 위기에 놓이는 것을 보고 많은 사람들이 우
리 사회에서 표현의 자유가 이런 지경에까지 이르렀느냐고 탄
식했다. 그러나 안심하시라. 이 정도는 매우 양호한 편이다.
언론 보도도 아닌 소설의 내용이 문제가 되어 작가가 사형선
고를 당한 일도 있다. 다행히 작가는 죽음을 모면했지만, 폭
발·방화와 암살 기도로 애꿎은 사람 수십 명이 목숨을 잃었
다. 살만 루슈디가 쓴《악마의 시》얘기다.

"그를 지옥에 보낼 의무가 있다"

때로 소설의 내용보다 소설을 둘러싸고 벌어지는 현실의 사건들이 더 흥미진진한 경우가 있다. 루슈디의 책이 출판된 것은 1988년 9월 26일이다. 출간 직후부터 이슬람권 국가에서 판매금지 조처가 내려진다. 작가의 출신국인 인도마저 그달에 책 판매를 금지했다. 같은 해 11월에는 방글라데시·수단·남아프리카공화국이 판매금지 조처를 취하고, 스리랑카·케냐·타이·탄자니아·인도네시아·싱가포르가 뒤를 잇는다. 그리고 1989년 2월 14일 이란의 종교지도자 아야톨라 호메이니는 종교재판인 '파트와'를 통해 작가와 출판에 관계된 사람들에게 사형을 선고한다.

파트와 판결문을 일부 발췌해보면 이렇다. "전능하신 신의 이름으로. (…) 세계의 모든 용맹한 무슬림에게 알린다. 이슬람과 예언자 무함마드와 쿠란에 반대해 쓴 책 《악마의 시》의 저자와, 그 내용을 알면서 출판한 사람들에게 사형을 선고한다." 나중에 루슈디가 사과 성명을 발표했을 때도 호메이니의 반응은 변함이 없었다. "설사 루슈디가 참회하고 역사상 최고의 신자가 된다고 해도 모든 무슬림은 생명과 재산 등 가지고 있는 모든 것을 바쳐서라도 루슈디를 지옥에 보낼 의무가 있다."

파트와가 내려지고 며칠 뒤 이란 정부는 루슈디의 목에 현상금을 건다. 작가는 그때부터 9년간 경찰의 보호를 받으며 기나긴 도피 생활을 한다. 영국 정부와 이란 정부는 이 문제로 외교 관계를 단절한다.

호메이니의 사형선고는 단순히 상징적인 것이 아니었다. 《악마의 시》를 일본어로 번역한 히토시 이가라시는 1991년 7월 칼에 찔려 죽었다. 같은 달 이탈리아어 번역자인 에토레 카프리올로도 칼에 찔려 중상을 입었으나 목숨은 건졌다. 1993년 7월 터키어 번역자인 아지즈 네신을 노린 방화 사건이 일어났다. 네신은 탈출했지만 같은 호텔에 있던 투숙객 37명이 불에 타서 숨졌다. 영국에서는 작가인 루슈디를 노리던 폭파범이 실수로 폭사하는 일도 벌어졌다.

책을 파는 서점도 보복을 피해갈 수는 없었다. 1989년 4월 런던 시내 서점 두 곳이 폭탄 공격을 받았다. 같은 해 5월에도 역시 두 곳에서 같은 일이 벌어졌고, 대형 백화점에서 폭발 사건이 일어나기도 했다. 펭귄출판사 지점 세 곳에서 터지지 않은 폭탄이 발견되었다. 미국에서도 사정은 비슷했다. 1989년 3월 한 달 동안 연방수사국(FBI)에 신고된, 서점에 대한 폭파 위협만 78건이었다. 캘리포니아에서는 두 곳의 서점이 공격을 받았고, 뉴욕의 한 지역 신문사는 진열대에서 책을 치운 서점들을 비판했다는 이유로 건물이 거의 다 폭파될 정도의 보복을 당해야 했다. 영국에서 루슈디의 책을 파는 서점은 한 곳도 찾기 어려워졌다. 미국에 있는 서점의 3분의 1은 책을 치웠고, 판매하는 서점도 몰래 숨겨놓고 팔았다.

아마도 가장 안타까운 일 중의 하나는 아랍어권 작가 최초로 노벨문학상을 받았던 나기브 마푸즈에 대한 공격일 것이다. 당시 여든두 살이던 노작가는 루슈디의 소설이 이슬람을 모욕하는 내용이라고 비판하면서도, 그에게 사형선고를 내린 호메이니를 "테러리스트"라고 불렀다. 어떤 신성모독도 작가에게 사형선고를 내리는 것보다 이슬람과 무슬림에게 해를 끼칠 수는 없다는 것이었다. 그는 이집트 카이로에 있는 집 부근에서 습격을 당해 흉기에 목을 찔렸다. 생명은 건졌지만 오른손에 영구 장애를 입었다. 이 사건 이후 마푸즈는 하루에 몇 분 이상 글을 쓸 수 없었고 결국 작품활동을 못하다시피 했다.

루 슈 디 는   이   작 품 을   왜   썼 을 까

《악마의 시》가 도대체 어떤 내용이기에 이 정도로 이슬람 근본주의자들의 반발을 샀을까? 사실 이 책은 영어로 쓰였을 뿐만 아니라 가볍게 읽을 만한 대중소설이 아니기 때문에 초기에 서구 언론은 아랍권 대중이 이토록 즉각적으로 격분한 것을 이해하기 어렵다는 반응을 보였다. 분노의 원인은 일부 오해에 기인한 것도 있고, 실제로 기분이 상할 만한 대목도 있다.

우선 무엇보다도 책 제목을 아랍어로 번역하는 과정에서 문제가 생겼다. 한국어판으로는《악마의 시》로 되어 있지만, 원제목 '세이태닉 버시스'(Satanic Verses)에서 'Verses'는 시를 뜻하는 것이 아니라 '경전의 절'을 의미한다. 기독교나 이슬람교 등 특정 종교의 경전 전체를 말하는 것은 아니다. 그런데 이 '경전의 절'에 해당하는 아랍어 단어 '아야트'(ayat)는 다른 종교가 아닌 이슬람의 경전, 곧 쿠란을 의미한다고 한다. 즉 아랍어로 읽으면 이 책 제목은 '악마의 쿠란'이 되고, 이슬람교의 경전 자체가 악마로부터 온 것이라고 말하는 것처럼 보이게 된다. 소설을 읽지 않은(그 나라들에서는 판매는커녕 출간조차 되지 않았기 때문에) 아랍권 국가의 일반인들이 제목만 듣고도 격분한 것은 결국 번역상의 오해가 가장 중요한 원인이었던 것이다.

물론 모든 것이 오해의 탓만은 아니다. 작가는 소설에 등장하는 예언자의 이름을 '마훈드'(Mahound)라고 지었다. 무함마드와 비슷해 보이지만, 이 명칭은 십자군이 무함마드에 대한 경멸을 표시하기 위해 사용하던 것이다. 내용 중에도 이슬람교 신자라면 모욕감을 느낄 만한 부분이 많다. 주인공의 꿈에 보이는 신의 모습은 전혀 신비하지 않다. 전능해야 할 신은 중년의 안경 쓴 대머리 남자로서 비듬이 많아 보이는 모습으로 나온다. 무엇보다도 모욕적인 것은 소설에 등장하는 12명의 창녀들이 예언자 무함마드의 아내 12명의 이름을 쓰고, 그들을 흉내 내면서 몸을 판다는 것이다. 이슬람 신자들은 무함마드의 아내들을 '모든 신자의 어머니들'로 추앙한다고 한다. 창녀에게 그들의 이름을 붙인 것은 가톨릭 신자 앞에서 성모 마리아를 모욕하는 것과 마찬가지였을 것이다.

그러나 과연 이 책이 이슬람교를 모욕하기 위해서 쓰인 것일까? 그리고 '역사적 진실'을 왜곡했다고 할 만큼 사실적인 묘사로 이루어져 있을까? 그렇지는 않다. 소설은 천사와 악마를 상징하는 두 주인공 지브릴 파리슈타와 살라딘 참차가 타고 가던 여객기가 테러리스트에 의해 폭파되면서 두 사람이 추락하는 장면으로 시작한다. 2만 9,002피트 상공에서 추락하는 두 사람은 노래를 부르고 서로 대화를 한다. 한마디로 현실에서 있을 수 없는, 그야말로 허구라는 것이 분명하다. 두 주인공은 그 높이에서 추락하고도 살아남을 뿐만 아니라, 살라딘 참차는 그 뒤에 머리에 뿔이 돋고 꼬리가 나면서 악마의 모습으로 변해간다. 이 책을 읽은 사람이라면 작가가 '상상'한 내용을 썼다는 것을 당연히 알 수 있다.

소설은 현실과 꿈이 교차하는 복잡한 구조를 취하고 있을 뿐만 아니라 독자에 따라서 여러 가지 의미를 읽어낼 수 있는 다양한 내용을 담고 있다. 예를 들어 인도 출신인 살라딘 참차는 영국에서 성우로 살아간다. 모습을 감추고 다른 사람들 뒤에 숨어서 목소리만 내는 그의 모습에서 오랫동안 영국 식민지 생활을 한 인도 사람들의 정체성에 관한 고민을 엿볼 수 있다. 외견상 각각 천사와 악마의 분신으로 보이는 지브릴과 살라딘의 행적을 보면서는 결코 분명하지 않은 선과 악의 구별에 대해 고민할 수도 있다. 얼마든지 다의적으로 읽어낼 수 있는 이 책의 내용을, 그러나 어떤 사람들은 단지 이슬람교에 대한 모욕으로만 읽는 것이다.

힘으로 표현의 자유를 제한할 수 있는가

사람에 따라서는 굳이 이슬람교를 비하하는 것으로 느껴질 수 있는 표현을 써야 했느냐고 반문할 수 있다. '마훈드'가 아닌 '무함마드'로 해도 별 상관이 없지 않느냐고 생각할 수도 있다. 그러나 그런 질문은 문학을 비롯한 예술을 전혀 이해하지 못할 때만 할 수 있다. 창작의 자유는 바로 그런 질문에서 자유로운 상태를 의미하는 것이다. 특별한 이유가 없으면 온건한 표현을 써도 되지 않느냐, 그 대목에서 꼭 독자를 불편하게 만들 만한 단어를 사용해야 했느냐는 식의 질문에 대답해야 하는 순간부터 작가는 자기 검열을 시작하게 된다. 스스로 검열하는 작가가 위대한 작품을 쓸 수 없음은 두말할 필요도 없다.

어쨌든 책을 둘러싼 논란은 쉽게 읽히지 않는 책을 국제적인 베스트셀러로 만들었다. 출간 다음해인 1989년 5월까지 미국에서만 75만 부가 팔림으로써 판매 1위를 차지했는데, 2위에 해당하는 책보다 5배가 많이 팔렸다고 한다. 작가인 살만 루슈디는 국제적인 명사가 되었고 슈퍼모델 출신의 아내를 맞기까지 했다. 출간 10년이 지난 1998년 이란과 영국의 외교 관계는 정상화되었고, 비록 그에 대한 파트와가 효력을 잃지는 않았지만(파트와는 애초에 발령한 사람만 취소할 수 있는데 호메이니가 사망했기 때문에 취소가 불가능한 상태다) 루슈디도 은신 생활을 끝냈다. 결국 이 책을 없애려던 이슬람 극단주의자들의 노력은 수포로 돌아간 것이다.

힘으로 표현의 자유를 제한하려는 시도에 대해서 확실한 사실은, 그것이 옳고 그르고를 따지기 전에 한 번도 성공해본 적이 없다는 것이다. 진시황의 분서갱유에서부터 우리 국방부의 불온서적 지정에 이르기까지 사람들의 눈과 귀를 막으려는 시도는 항상 실패해왔다.

:: 덧 붙 이 는 말

익명으로 거액을 기부한 연예인 문근영 씨에 대해 "'기부천
사'라는 문근영이 빨치산 손녀이고, (…) 빨치산 할아버지에게
서 사랑을 받으면서 자라는 동안 그녀는 빨치산의 가르침을
많이 받았을 것이라는 생각에 기분이 개운치 않은 것이다"라
는 글을 쓴 지만원 씨를 비판하면서 "지만원, 지는 만원이나
냈나?"라는 글을 올린 네티즌에 대해 2009년 10월 서울중앙
지법은 유죄판결(모욕죄)을 했다. 모욕죄의 법리를 장황하게
설명한 판결문에 따르면 "피해자의 이름·나이 등을 가지고
피해자를 조롱"하는 행위는 형사처벌을 받아야 한다고 한다.
이 판결은 대법원에서 확정이 되었다.

　19세기 조선의 시인 김삿갓은 부패한 지역 유지들을 겨냥해
서 '원생원'이라는 제목의 풍자시를 썼다. "해 돋으면 까부는
원숭이(猿)―원생원(元生員), 저물면 달려드는 모기(蚊)―문첨
지(文僉知), 고양이 뜨면 죽는 쥐(鼠)―서진사(徐進士), 밤마다
쏘아대는 벼룩(蚤)―조석사(趙碩士)"라는 내용이다. 명백히 이
름을 가지고 조롱하는 글이지만 김삿갓이 이 시로 인해서 관
아에 끌려가 문초를 당했다는 기록은 없다. 그러고 보면 현재
우리 사회의 표현의 자유가 종교혁명 직후의 이란보다 나은
것은 사실이지만, 19세기 조선 사회보다 좋아졌는지는 솔직
히 자신 있게 말하기 힘들다.

4

국 가 와   정 의 라 는

알 리 바 이

그것이 배신이었던가, 아니면 용기 있는 행동이었던가?

아마 둘 다였을 것이다. 그 두 가지 모두 미리 계획할 필요가 없다.

그런 것은 한 순간, 눈 깜짝할 사이에 일어나는 법이다.

이미 침묵과 어둠 속에서 그것을 거듭 연습해왔기 때문에 가능한 것이다.

너무나 깊은 침묵, 너무나 깊은 어둠이라서

우리 자신은 그것을 모르는 것이다.

앞은 보이지 않지만 확신에 찬 발걸음으로

우리는 기억하고 있는 춤을 추듯 앞으로 발을 내디딘다.

— 마거릿 애트우드 《눈먼 암살자》

그것이 지금 할 수 있는
일의 전부인가

1980년대 대학 시절 '금서'라는 말은 지금의 국방부 지정 '불온서적'과는 차원이 다른 무게를 가지고 있었다. 고작 수십 종에 지나지 않는 현재의 불온서저과 비교할 때 수백, 수천 권에 이르는 금서의 범위도 그랬지만, 아침 등굣길에 압수수색영장은커녕 양해조차 구하지 않고 학생들의 가방을 뒤져 조금이라도 '냄새'가 나는 책이 나오면 끌고 가던 그 폭력성은 지금 생각해도 끔찍하다.

기초적인 사회과학서적이나 역사책조차 조심스럽게 숨겨야 했으니 마르크스의 《자본론》 같은 책을 갖고 다닌다는 것은 상상도 할 수 없는 일이었다. 사회과학도로서 한 번쯤은 읽어야 하는(어려워서 읽지는 못하더라도 최소한 사놓고 읽은 척이라도 해야 하는) 책임에도 실제로 제대로 된 《자본론》 번역본을 접한 것은 그로부터 한참 지난 뒤의 일이다.

그 당시 금서를 지정하시는 분들을 만나면 물어보고 싶었던, 전혀 불온하지 않은 질문이 하나 있었는데, 그건 왜 히틀러의 《나의 투쟁》은 금서가 아니냐는 것이다. 순진한 국민이 좌익 폭력 세력에 의해 의식화되지 않도록 《자본론》을 읽지 못하게 한 것이라면, 그보다 결코 폭력성이 덜하지 않은 극우 세력의 경전 《나의 투쟁》도 금지했어야 하지 않을까? 어떻게 히틀러가 지은 책이 버젓이 책장에 꽂혀 있을 수 있는 것일까?

금서목록을 만드시는 분들을 만나보지 못해서 직접 여쭤보지는 못했지만, 만일 그런 대화를 나눌 기회가 있었다면 일반 국민을 대신해서 현명한 판단을 내려주시는 그분들께서는 답답한 얼굴로 이렇게 대답했을 것이다. "히틀러가 인류 역사상 최악의 죄를 저지른 것은 누구나 알고 있지 않나, 누가 《나의 투쟁》을 읽고 파시스트가 되겠다고 나서겠나? 그건 절대 안전한 책이야."

그렇다. 인류 역사상 최악의 범죄자 혹은 범죄 집단이 누구냐고 묻는 투표를 한다면 히틀러와 나치가 단연 1위를 차지할 것이다. 동서 냉전의 쌍방, 테러 국가로 서로 지탄을 주고받는 나라들에 대해서도 각각의 입장을 옹호하는 목소리는 존재한다. 그러나 홀로코스트의 주범에 대해서는, 지극히 정당한 일이지만, 가차 없이 처벌해야 한다는 데 이론을 찾기 어렵다. 다수의 아이들이 포함된 600만 명의 무고한 민간인을, 단순히 유대인이라는 이유만으로 참혹하게 학살한 사람들에게 어떤 변명이 가능하겠는가?

당신 같으면 어떻게 했겠습니까

그런 범인 중 한 사람이, 변명이라기보다는 진짜 궁금해서 묻는다는 표정으로 "하지만 재판장님 같으면 어떻게 했겠습니까?"라는 질문을 던지는 장면이 나오는 책이 있다. 바로 독일의 법학교수 베른하르트 슐링크가 쓴 《더 리더: 책 읽어주는 남자》다.

　주인공인 책의 화자는 열다섯 살의 학생시절 자신보다 스물한 살이 많은 서른여섯 살의 한나 슈미츠라는 여자를 만나 일종의 애인 관계가 된다. 두 사람은 전차 차장으로 일하는 한나의 근무시간이 끝나면 만나서 섹스를 한다. 그리고 침대에 누워 있을 때 한나는 주인공에게 책을 읽어달라고 부탁한다. '책 읽기와 샤워, 사랑 행위 그리고 나란히 누워 있기'가 이 두 사람이 하는 일이다. 《오딧세이》와 《카틸리나 탄핵》에서 시작된 책 읽기가 《전쟁과 평화》에 이르렀을 때, 그리고 한나가 직장에서 승진을 권유받은 다음날, 그녀는 말없이 그 도시를 떠난다.

몇 년이 흐른 뒤 주인공이 한나를 다시 만난 곳은 법정이었다. 법과대학에 진학한 주인공은 나치 전범에 대한 재판을 연구하는 세미나에 참여하고, 마침 이웃 도시에서 열린 강제수용소 감시원에 대한 재판을 방청하게 된다. 그런데 그곳 피고인석에 다른 감시원과 함께 구속된 상태로 한나가 나타난다. 그녀는 나치 정권하에서 강제수용소 감시원이었던 것이다.

나치 정권 시절, 베를린에 있는 지멘스에서 일하던 한나는 근무조장 자리를 제안받았음에도 나치 친위대에 들어간다. 친위대에서 그녀가 저지른 죄로 기소된 내용은 대략 두 가지다. 첫째는 가스실에 보낼 사람을 선별했다는 것이다. 한나는 아우슈비츠의 외곽에 있는 작은 수용소에서 감시원으로 일했다. 매달 아우슈비츠에서는 60명의 여성이 그곳으로 보내졌다. 새로운 수용자를 받으면 기존에 있던 사람 중 그에 맞먹는 수의 사람을 아우슈비츠로 돌려보내야 한다. 그 사람들은 아우슈비츠에서 가스실로 가야 했다. 한나는 이 선별작업을 했다.

두 번째 기소 내용은 패전이 임박했을 때 수용자들을 호송하던 중 불에 타 죽게 했다는 것이다. 경비대와 여자 감시원들은 수감자 수백 명을 마을의 교회에 감금하고 문을 잠가놓았다. 그곳에 연합군 폭격기의 폭탄이 떨어져 불이 붙었다. 한나를 비롯한 감시원들이 문만 열어주었다면 수감자들은 살 수 있었다. 하지만 그들은 문을 열어주지 않았고 교회 안에 갇혀 있던 여자들은 단 두 명을 제외하고 모두 불에 타 죽었다.

이런 비인간적인 범죄를 바라보는 독일 법학도들의 시각은 단호하다. "유죄판결을 내려야 한다는 것은 우리에게 너무나 당연한 일이었다. 또 천태만상의 강제수용소 감시원들과 앞잡이들에 대한 유죄판결은 표면적인 것에 지나지 않는다는 사실 역시 확실했다. 그들을 이용했거나, 그들의 행위를 막지 못했거나, 1945년 이후 그들을 추방할 수 있었음에도 추방하지 못한 세대가 법정에 서 있었기 때문이다. 우리는 그들의 혐의를 조사했고, 밝은 태양 아래 재판을 받도록 했으며, 그 세대에게 수치라는 판결을 내렸다."

하지만 독일인은 나치에서 자유로울 수 없다. 이제 법과대학을 다니는 젊은 세대라고 해서 예외는 아니다. 재판을 방청하는 학생 중에는 독일 국방군 장교를 아버지로 둔 사람도 있다. 무장친위대 장교의 아들도 있고 제국 내무부에서 고위 관리를 지낸 사람의 조카도 있다. 세미나에 참여하지 않는 대부분의 학생은 재판에 관심이 없다. 의아하게 생각하거나 직접적 반감을 표시하는 학생들마저 있다. 그런 상황에서 재판장이 한나에게 단지 수용소에 자리를 만들기 위해서 사람들을 가스실로 보냈느냐고 야단치듯 묻자 그녀는 "그러니까 저는…… 제 말은…… 하지만 재판장님 같으면 어떻게 했겠습니까?"라고 반문하는 것이다.

한나의 반문은 나름의 개인적인 이유를 가지고 있다. 우리 사회에서 친일파를 청산해야, 혹은 진작에 청산했어야 한다는 논의가 있을 때마다 흔히 나타나는 "36년간 계속된 일제 치하에서 먹고 살기 위해 한 일을 어찌 단죄할 수 있겠느냐", "너라면 친일 안 했을 거라고 자신 있게 말할 수 있느냐" 등의 궤변과는 조금 다르다. 그녀는 읽고 쓸 능력이 없는 난독증이 있었던 것이다. 지멘스에서 근무조장 자리를 제안받았을 때 거절하고 친위대에 들어간 것도 자신의 약점을 감추기 위해서였다. 전차 차장으로 일하다가 승진을 권유받고 애인 곁을 떠난 것도 글을 읽을 줄 모르는 사실이 드러날까 봐 겁을 냈기 때문이다.

재판이 끝나갈 무렵 보고서 하나가 논란이 된다. 누구라도 그 보고서를 쓴 사람으로 밝혀지면 주모자로 인정될 수 있는 상황이었다. 다른 피고인들은 한나를 작성자로 지목한다. 처음에 보고서를 쓴 일이 없다고 부인하던 한나는 검사가 필적 감정을 요청하자 자신이 작성했다고 인정한다. 역시 난독증을 숨기려는 시도였다. 결국 다른 피고인들은 유기징역형을 받지만 한나 슈미츠는 종신형을 선고받는다.

여전히 남아 있는 죄책감

난독증이 있었든, 사회적 상황이 어떠했든 쉽게 살릴 수도 있었던 수백 명의 사람을 처참하게 죽게 한 죄는 용납할 수 없다. 수용소에 '자리를 만들기 위해서' 매달 60명씩 가스실로 보낸 일도 용서받을 수 없다. 당신이라면 어떻게 했겠느냐는 한나의 질문에 재판장은 "이 세상에는 우리가 간단하게 응해서는 안 되고, 또 목숨이 걸리지 않은 것이라면, 그로부터 거리를 두어야 하는 일이 있습니다"라고 답한다. 주인공은 이 답변을 졸렬하고 궁색하다고 생각하지만, 우리가 이와 다른 대답을 할 수는 없다.

　하지만 우리가 한나 슈미츠라는 개인에게 유죄선고를 내릴 때 한 치의 망설임도 없을 수 있을까? 한나는 18년을 복역한 뒤 사면을 받는다. 마침내 석방을 앞둔 새벽 그녀는 목을 매서 자살한다. 혹시 우리가 한나에게 기대했던 것은 바로 그것이 아니었을까? 우리 모두의 책임, 죄책감, 불편함을 안고 사라져주기를 원한 것 아니었을까? 사회 전체가 저지른 일을 몇몇 개인에게 환원시키고 잊어버리려고 한 것은 아닐까? 노년이 된 주인공은 이렇게 반문한다.

지금도 스스로에게 묻고 있고 이미 당시부터 스스로에게 묻기
시작한 질문이 있다. 우리 2세대들은 유대인 박멸과 관련된
끔찍한 정보들을 실제로 어떻게 대해야 했으며 또 어떻게 대
해야 하는가? 우리는 이해할 수 없는 것을 이해할 수 있다고
해서는 안 되고, 비교의 대상이 될 수 없는 것을 비교할 수 있
다고 생각해서도 안 되며, 자꾸만 물어봐서도 안 된다. (…) 우
리는 다만 경악과 수치와 죄책감을 느끼면서 침묵해야 하는
가? 무엇을 위해? (…) 내가 세미나에서 보였던 탐사와 진상
규명의 열정이 재판이 진행되는 동안 쉽게 식어버렸다는 말은
아니다. 그러나 몇몇 사람이 판결을 받고 형을 살고, 제2세대
인 우리는 경악과 수치와 죄책감으로 입을 다무는 것. 그것이
지금 할 수 있는 일의 전부인가?

한나 슈미트는 어떤 의미에서 보더라도 유죄다. 그녀가 느
꼈던 모순이 아무리 크다고 해도 수백 명의 목숨과 경중을 따
질 수는 없다. 하지만 '몇몇 사람'을 처벌하는 것으로 모든 것
을 해결했다고 할 수는 없다. 기계적으로 수용자를 죽음으로
몰아넣은 한나와, 똑같은 일을 하고도 한나를 주모자로 지목
하는 동료들의 모습에서 우리가 진정 자유로울 수 있을까? 당

신이라면 어떻게 했겠느냐는 한나의 질문에 우리가 쉽게 답을 줄 수 있을까? 몇몇 사람의 판결과 처벌은커녕 친일인명사전의 발간마저도 온갖 비난을 받는 사회에서 '제2세대'인 우리는 정말 할 일을 다 한다고 할 수 있을까?

반역자의 아들이
사는 법

법률가의 입장에서 '좋은 사건'이란 보는 관점에 따라 다양한 견해가 나올 수 있는 사건을 말한다. 사실관계에 대해서 관련된 사람들의 말이 일치하지 않아 격론이 벌어질 소지가 있고, 처리 과정이나 결론에 대해서도 각기 다른 의견이 있어서 논쟁이 가능한 사건이야말로 법을 바라보는 각양각색의 입장이 그대로 드러나기 때문이다. 그러한 점에서 볼 때 줄리어스 로젠버그와 에설 로젠버그 부부가 간첩음모 혐의로 처형 당한 '로젠버그 사건'은 법의 역사를 통틀어 몇 손가락 안에 꼽힐 수 있는 '좋은 사건'이다. 냉전의 산물이라고 할 수 있는 이 사건은 셀 수 없을 만큼 많은 쟁점을 갖고 있고, 당대 지식인들은 이 모든 쟁점을 놓고 각자의 신념에 따라 격렬히 부딪쳤다.

많은 사람들이 로젠버그 부부의 무고함을 믿었다. 프랑스의 대표적 지성 장 폴 사르트르는 이 사건을 "법을 빙자한 린치"라고 불렀고 알베르트 아인슈타인, 장 콕토, 파블로 피카소, 프리다 칼로 등 시대를 대표하는 지성들이 미국 정부의 조처를 강력히 비난했다. 교황인 피우스 12세마저 아이젠하워 대통령에게 사면을 호소했다. 그들에게 이 사건은 사법의 수치요, 국가권력에 의한 살인과 다름없었다.

물론 그런 입장만 있는 것은 아니다. 소련 공산당 서기장을 지내고 1971년에 죽은 흐루쇼프의 자서전이 사후 20년 만인 1990년에 공개되었다. 그 책에서 흐루쇼프는 로젠버그 부부가 미국의 기밀을 소련으로 빼돌린 사실을 스탈린에게 들었다고 하면서 소련의 원자폭탄 개발을 앞당긴 그들의 업적을 높이 찬양했다. 로젠버그 부부의 처형을 지지했던 사람들에게 흐루쇼프의 자서전은, 정치적 목적을 위해서라면 좌파들은 명백한 사실마저 왜곡한다는 것, 그럼에도 언젠가는 진실이 밝혀지고 끝내 정의가 승리한다는 것을 보여주는 산 증거가 되었다.

로젠버그 부부는 1953년 6월 19일 금요일에 차례로 처형당한다. 당시 연방교도소에는 전기의자 설비가 없었다. 연방정부는 뉴욕 주에서 운영하는 싱싱교도소에 로젠버그 부부의 사형집행을 맡긴다. 원래 6월 17일로 잡혀 있다가 이틀 연기된 처형은 관례에 따라 밤 11시에 집행될 예정이었다. 어떻게든 집행을 연기해보려는 변호인은 마지막 수단으로 금요일 해가 진 이후는 유대인에게 안식일인데 그때 사형을 집행하는 것은 부당하다고 주장했다. 이 주장에 대해서 미국 정부는 해가 지기 직전인 저녁 8시께 사형을 집행하는 것으로 대답했다.

3시간 앞당겨 전기의자에 앉게 된 부부는 마지막까지 초연한 자세를 보였다고 전해진다. 하지만 그들이 그때 무슨 생각을 했는지는, 이 사건을 놓고 격론을 벌인 세계적 석학들도 짐작조차 할 수 없을 것이다. E. L. 닥터로의 소설《다니엘서》(The Book of Daniel)는 로젠버그 부부의 아들 입장에서 이 사건을 바라보는 이야기다.

정치범, 대역죄인의 다른 이름

줄리어스 로젠버그는 1918년 뉴욕에서 가난한 유대계 이민자의 아들로 태어났다. 열여덟 살이 되었을 때 청년공산주의자연합에 가입했고, 그곳에서 장차 아내가 될 세 살 연상의 에설 그린글래스를 만나게 된다. 줄리어스는 스물한 살이 되었을 때 미 육군 통신부대에 들어가지만 6년이 지난 뒤 공산당 가입 사실이 발각되어 쫓겨난다.

로젠버그의 유죄를 주장하는 사람들은 그가 통신부대에 근무하던 1942년에 소련 국가보안위원회(KGB)에 포섭되었다고 한다. 그는 소련에 군사기밀을 넘겼고, 마침내는 원자폭탄을 개발하는 맨해튼 프로젝트에 관여했던 처남 데이비드 그린글래스(에설 로젠버그의 남동생)를 통해 원폭에 관한 정보까지 빼돌리게 된다. 법정에서 로젠버그 부부에게 불리한 증언을 했던 그린글래스에 따르면, 그의 누이인 에설은 소련에 보낼 비밀메모를 타이핑하는 역할을 했다고 한다. 이 반역자 부부는 닥터로의 소설에서 아이작슨 부부라는 이름으로 등장한다.

사형존폐론을 놓고 제시되는 다양한 의견 중에 정치범에 대해서는 사형을 폐지해야 하고 전통적으로 사형을 인정해온 살인죄만을 사형 대상이 되는 범죄로 남겨둬야 한다는 주장이 있다. 일견 그럴듯한 타협책으로 보이지만 이는 역사적 진실을 짐짓 외면한 것이다. 법의 역사에서 반역자에 대한 처형은 살인자에 대한 사형집행 못지않게 뿌리가 깊다.

소설에는 영국에서 반역자를 처벌할 때 사용해온 사형집행 방법에 대한 설명이 나온다. 죄인은 형틀에 매달린 채 숨이 끊어질 때까지 신체를 절단당한다. 먼저 거세당하고, 창자가 꺼내지고, 그렇게 제거된 부분은 죄인이 보는 앞에서 불에 태워진다. 자비심 많은 집행인을 만나면 그때쯤 심장도 제거당하지만, 그렇든 그렇지 않든 간에 마지막에는 말 네 마리에 사지가 묶여 찢겨나가는 의식을 치러야 한다. 네 조각으로 나뉜 몸은 개 먹이로 던져진다.

자신이 속한 체제와 국가의 배신자로 낙인찍힌 사람이 가혹한 처벌을 받는 것은 과거의 일만이 아니다. 2001년 연방수사국(FBI) 요원으로 일하면서 20년 이상 소련의 스파이 노릇을 했다는 것이 발각되어 전 미국을 충격에 몰아넣은 로버트 핸슨은 가석방 없는 종신형을 선고받았다. 그는 죽는 날까지 하루에 23시간을 독방에서 혼자 지내야 한다. 로젠버그 부부가 저지른 죄는(혹은 저질렀다고 의심받은 죄는) 최소한 이런 취급을 받을 정도의 중죄인 것이다.

소설 속에서 부부의 아들이자 화자인 주인공의 이름은 다니엘이다. 베트남전 반전 열풍에 휩싸인 컬럼비아대학 도서관에서 졸업논문을 쓰는 그는 반역자의 아들이라는 의미에 대해 이렇게 말한다. "나는 절대로 징집되지 않을 것이다. 대학을 중퇴해도 군대에 끌려가지 않는다. 국방성 앞에서 징병카드를 태워도 아무 일도 일어나지 않을 것이다. 단지 내 파일에 한 줄이 추가될 뿐이다. 정부는 내가 무엇을 하든 상관하지 않고, 다만 어떤 형식으로든지 정부가 하는 일에 관여하지 못하게만 할 것이다. 그렇지만 반대로 만일 내가 군대를 이끌고 정부를 공격한다면, 그때는 그들의 모든 경고가 정당한 것이라고 판명될 것이다. 그리고 내가 어떤 대의명분을 내세우든 아무도 믿지 않을 것이다." 반역죄는 후세에게까지 지울 수 없는 낙인이 되는 것이다.

다니엘에게는 여동생이 있다. 부모의 그늘 아래 방황하던 그녀는 자살을 기도한다. 소설은 다니엘이 그 소식을 듣고 병원으로 여동생을 찾아가는 장면으로 시작된다. 애써 한켠에 미루어두었던 기억이 되살아나면서 다니엘은 결국 부모의 재판에서 불리한 증언을 한 증인을 찾아 나선다. 10여 년의 수감생활을 마치고 나온 그 증인은 날마다 디즈니랜드에서 놀이기구를 타면서 여생을 보내고 있었다.

이미 정신상태가 명료하지 않은 노인과 그 가족 앞에서 다니엘은 부모의 무죄를 입증하기 위해 억지로 쥐어짜낸 음모론을 들이댄다. 혹시 다른 커플이 있었던 게 아니냐는 것이다. 진짜 스파이 부부는 따로 있었는데, 수사기관의 손길이 좁혀오자 그들을 보호하려고 아이작슨 부부를 간첩으로 몰지 않았느냐는 것이 반역자의 아들이라는 굴레에서 벗어나고 싶던 다니엘이 필사적으로 던진 마지막 질문이었다.

현실에서 반역자의 아들은 어땠을까? 실제 로젠버그 부부에게는 로버트와 마이클이라는 두 아들이 있었다. 사형이 집행된 뒤 어떤 친척도 그들을 돌보려고 하지 않았기 때문에 결국 한 작곡가가 입양을 하게 된다. 둘은 그들의 인생 전부를 바쳐

부모의 억울함을 밝히려고 한다. 책을 쓰고 진보적 활동가를 위한 기금을 만들면서 로젠버그 부부를 반역자라고 여기는 사회에 격렬하게 저항한다.

　반전은 2008년에 찾아온다. 로젠버그 부부와 함께 간첩음모죄로 재판을 받고 30년형을 선고받았던(실제로는 17년 9개월을 복역했다) 모턴 소벨이 〈뉴욕타임스〉 기자와 인터뷰를 하면서 자신과 줄리어스 로젠버그가 실제로 소련의 스파이 노릇을 했음을 인정한 것이다. 그의 나이 아흔한 살이었다. 평생을 부모의 누명을 벗기기 위해 애썼던 반역자의 아들들은 소벨의 자백을 들은 뒤 피눈물을 흘리며 자기들의 부모가 적국의 간첩이었다는 사실을 받아들인다.

냉 전 시 대 의　반 역 죄

물론 논란이 완전히 끝난 것은 아니다. 설사 줄리어스 로젠버그가 소련의 첩자였다고 해도 아내인 에설까지 공범이었는지는 의문이다. 몇 년 전에 공개된 대배심 기록을 보면 에설이 비밀서류를 타이핑했다는 그린글래스의 증언은 거짓말일 가능성도 높다. 에설까지 기소한 것은 당시 FBI가 줄리어스를 압박해 다른 간첩들에 대해 털어놓게 하기 위한 수단이었다는 것이 많은 사람들의 견해다. 줄리어스가 넘겼다는 '비밀정보'도 실제 소련이 원자폭탄을 개발하는 데 거의 도움이 되지 않는 저급한 수준이었다는 것이 정설이다. 사형까지 당할 범죄는 아니었던 것이다. 소벨의 '자백'이 믿을 만한 것인지도 사실 확실하지 않다. 신문에 기사가 나간 직후, 소벨은 자신은 그런 말을 한 적이 없다는 내용의 항의서신을 보냈다.

그러나 과연 이 사건에서 우리가 관심을 기울여야 할 쟁점이 로젠버그 부부가 스파이였는지 여부뿐일까? 설사 그들이 스파이였다고 해도 미국 정부는 정말 특별한 훈련도 받지 못한 로젠버그 부부가 원자폭탄 개발에 필요한 핵심 정보를 빼돌렸다고 생각해서 그들을 사형에 처한 것일까? 오히려 사회의 몇몇 구성원을 반역자로 처벌해서 공포를 만들어내고 내부를 단속하려던 것은 아니었을까? 정말 로젠버그 부부의 죄는 소련에 정보를 넘긴 행위 그 자체였을까?

소설 속에서 다니엘은 끝내 부모의 유무죄에 대해서 확실히 알아내지 못한다. 그의 결론은 이렇다. "(냉전의 시대에) 만일 당신이 유대인 공산주의자라면, 반파시즘주의자라면, 양키 스타디움에서 열리는 진보당 모임에 참석해서 평화를 외치고 공산주의자를 찬양했다면, 만일 당신이 가난했다면, 만일 당신이 이 모두에 해당했다면, 당신은 무엇이 다가올지 알았을 것이다." 로젠버그 부부를 형장으로 끌려가게 했던

죄, 냉전시대에서의 반역죄란 결국 '이 모두에 해당했던 것'은

아니었을까?

유신의
추억

다음 중 유신 시절 시행된 긴급조치의 내용에 해당하는 것은?

① 대한민국 헌법의 개정을 제안하는 자는 법관의 영장 없이 체포·구속·압수·수색하며 15년 이하의 징역에 처한다.

② 위와 같은 규정(긴급조치)을 비방한 자도 역시 법관의 영장 없이 체포·구속·압수·수색하며 15년 이하의 징역에 처한다.

③ 학생이 부당하게 출석이나 수업 또는 시험을 거부하면 사형에 처할 수 있다.

④ 고려대 교내에서 집회나 시위를 하면 3년 이상 10년 이하의 징역에 처한다.

믿기지 않을지 모르지만 정답은 ①번부터 ④번까지 전부다. 아직도 일부 매체가 신화화 작업을 계속하고 있으며, 상당수 사람들이 '경제성장을 위해 어쩔 수 없이' 국민의 자유를 일부 제한했지만 '진심으로 나라를 걱정하는 지도자'가 이끌던 시절로 기억하고 있는 박정희의 유신시대는, 그러나 수업을 빼 먹는 학생을 사형시킬 수 있다는 법이 엄연히 존재하는 암흑의 시간이었다.

법조문을 좀 더 자세히 보자. "학생의 부당한 이유 없는 출석·수업 또는 시험의 거부, 학교 관계자 지도·감독하의 정당한 수업·연구 활동을 제외한 학교 내외의 집회·시위·성토·농성 기타 일체의 개별적·집단적 행위를 금한다. (…) (이 조항을) 위반한 자 및 이 조치를 비방한 자는 사형, 무기 또는 5년 이하의 유기징역에 처한다."(1974년 4월 3일 시행 대통령 긴급조치 4호 5항)

유신시대의 엄혹함을 단지 장발이나 미니스커트를 단속당하지 않으려 도망 다니는 젊은이와 자와 가위를 든 채 쫓아다니는 경찰관이 숨바꼭질을 벌이는 낭만적인(!) 풍경으로만 떠올리는 사람은 실제로 수많은 사람을 감옥에 보낸 긴급조치를 읽어볼 필요가 있다.

2011년 6월로 활동을 종료한 '진실과 화해를 위한 과거사진상조사위원회' 위원장은 한 신문과의 인터뷰에서 "(우리나라는)

독재를 해도 남미처럼 법을 깡그리 무시한 독재는 아니었다는 거예요. 그런 나라들은 그냥 납치해서 비행기로 싣고 가 바다에 던지니까 증거가 없죠. 한데 우리는 (독재를 위한) 법을 만들고 포고령 내고 했지만 형식적으로라도 사법절차는 거친 경우가 많아요"라는 말을 했다.

과연 그런 '사법절차'가 어떤 의미가 있었는지는 모르겠지만, 우리와 마찬가지로 독재정권 아래서 신음했던 사람들이 겪은 경험은 '사법절차' 유무에 관계없이 어딘지 묘하게 일치하는 부분이 있다. 내로라하는 독재자들을 줄을 세운다면 절대 첫 번째 줄에서 뒤로 밀리지 않을 것이 분명한 도미니카의 악명 높은 독재자 라파엘 레오니다스 트루히요 몰리나의 치하도 마찬가지다. 그 시절에 벌어진 일들, 그리고 그 일들이 이후로도 오랫동안 사람들의 삶에 끼친 영향을 절묘하게 묘사한 주노 디아스의 소설 《오스카 와오의 짧고 놀라운 삶》이 우리의 '향수'를 불러일으키는 것도 그래서인지 모른다.(혹자는 어떻게 박정희 전 대통령과 트루히요를 같이 놓고 비교하느냐고 항의할지 모르겠다. 하지만 트루히요가 정권을 잡은 것은 1930~1961년이다. 박정희 당시 육군 소장이 장교 250명과 사병 3,500명을 이끌고 쿠데타를 일으킨 것은 1961년이다. 트루히요는 박정희 소장이 쿠데타를 일으키기 30년 전에 육군 준장으로 있으면서 쿠데타를 일으켰고, 5·16이 나던 해에 정적에게 암살당했다. 30년이라는 시대의 차이를 고려하면 두 정권이 사용한 통치수단에 어느 정도 차이가 나는 것은 당연하다. 박정희 시절과 전두환 시절도 나름대로는 차이가 있다. 적어도 전두환 시절에는 고려대학교 교내에서 시위하면 징역 10년에 처할 수 있다는 법조문을 당당하게 내세우지는 않았다.)

트루히요의 독재정치가 오스카 와오에게 미친 영향

소설은 1974년 우리의 주인공 오스카 와오가 일곱 살이던 때로부터 출발해 점차 과거로 돌아간다. 모든 이야기가 시작된 것은 트루히요의 만행이 극에 달한 1945년, 오스카의 외할아버지 아벨라르 루이스 카브랄이 뜻하지 않은 비극을 맞으면서부터다.

아벨라르는 누구에게나 존경받을 만한 지식인이다. 외과의사인 그는 도미니카에서 가장 두뇌가 명석한 사람으로 알려져 있다. 집요하도록 호기심이 많고 놀랄 만큼 천재적이며 특히 언어와 치밀한 계산에 뛰어나다. 스페인어 · 영어 · 프랑스어 · 라틴어 · 그리스어로 된 글을 두루 읽었고 희귀한 장서를 수집했으며 민족음악에도 조예가 깊었다. 물려받은 재산으로 유복하게 살던 그는, 저녁이면 마을에서 학식깨나 있다는 사람들을 초대해 밤이 새도록 토론을 하기도 한다.

그러나 아벨라르는 결코 트루히요의 독재에 맞서지 않는다. 마을 사람들과 토론할 때도 현대 정치(즉, 트루히요)에 대해 왈가왈부하는 것은 철저히 금했고 비밀경찰을 포함해 모임에 참여하려는 사람은 누구나 받아들였다. 트루히요가 저지른 만행에 관한 이야기, 즉 재산을 모두 빼앗기고 국외로 쫓겨난 가문, 아들이 친구들 앞에서 트루히요를 감히 아돌프 히틀러에 비유했다고 해서 온 가족이 상어 떼에 사지를 떼어먹힌 일, 유명한 노동조합 운동가가 암살된 미심쩍은 사건 등에 관해 들으면 잠시 불편한 침묵을 지킨 뒤 말을 돌렸다. 아벨라르는 우리가 많이 보던 나약한 지식인의 모습과 조금도 다르지 않았던 것이다.

그에게 비극이 닥친 것은 뜻밖에도 그의 딸이 너무나 예뻤기 때문이다. 트루히요는 자신의 욕구를 충족시키기 위해 전국에서 여자를 찾아내는 수많은 첩자를 거느리고 있었으며 유력 인사의 부인이나 딸이라고 해도 그의 마수를 피해갈 수는 없었다. 트루히요의 만행이 얼마나 지독했던지 페루의 세계적 소설가 마리오 바르가스 요사는 그가 저지른 강간과 성 착취를 소재로 《염소의 축제》라는 소설을 썼을 정도다. 소설의 저자 주노 디아스가 직접 붙인 각주에 따르면, 트루히요는 총에 맞아 죽던 날도 '오입질'을 하러 가던 중이었다고 한다(어디선가 들어본 것 같지 않은가).

그런 트루히요가 이제 막 사춘기에 이른, 아직 대학도 들어가지 않은 아벨라르의 큰딸 재클린에게 눈독을 들이게 된 것이다. 처음에 아벨라르는 동료 의사에게 부탁해 아내가 신경쇠약에 걸렸다는 진단서를 받은 다음 트루히요의 파티에 가족을 데려가지 않는 식으로 피해가려 한다. 트루히요가 그에게 "딸 하나가 아주 예쁘고 우아하다던데, 안 그렇소?" 하고 노골적으로 묻는데도 재치 있는 답변으로 빠져나간다. 하지만 다음번에 그가 받은 파티 초청장에는 "아벨라르 루이스 카브랄 박사, 부인, 그리고 딸 재클린 귀중"이라고 쓰여 있었다. 게다가 "딸 재클린"이라고 쓴 부분에는 밑줄을 한두 개도 아닌 세 개나 그어놓았다. 아벨라르의 시련이 시작된 것이다.

딸을 트루히요에게 데려가 바쳐야 할지 마음을 정하지 못하고 안절부절못하던 그는 마지막 순간에 혼자 파티에 간다. 트루히요의 표정은 일그러졌고 아벨라르는 4주 뒤에 체포되어 고문당한 뒤 재판을 받는다. 죄목은? '국가원수 중상 및 모독죄' 우리나라에서는 유신 시절인 1974년에 비슷한 죄가 만들어졌다가 1988년에 폐지된 일이 있다.

아벨라르가 겪은 '사법절차'는 그 시절 우리도 드물지 않게 목격한 장면과 크게 다르지 않다. 조사 과정에서 혐의 내용이 무엇이냐고 묻자 조서를 작성하던 조사관은 주먹을 날린다.

입술이 찢어진 채 믿을 수 없다는 표정으로 "도대체 왜?"라고 묻는 아벨라르에게 조사관은 다시 한 방을 날린다. "여기선 질문에 이렇게 대답하거든."

아벨라르의 아내는 남편이 체포된 지 사흘이 지나서야 어디로 끌려갔는지 알게 되었고, 닷새를 더 기다린 다음에야 면회를 허락받을 수 있었다. 아벨라르는 전기고문을 당하고, 결국 모든 혐의가 유죄로 인정되어 18년형을 선고받는다. 아벨라르의 아내는 자살하고 두 딸은 의문스러운 죽음을 맞는다. 아벨라르가 체포된 뒤 임신이 확인된 셋째 딸, 소설의 주인공 오스카의 어머니인 그녀는 가족의 비극을 그대로 후대에 전달하는 역할을 한다.

독재 시절에 대한 향수의 불편함

요즘 쓰는 말로 원단 '덕후'인 주인공 오스카가 등장하는 이 소설은 정말 재미있다. 톨킨의 《반지의 제왕》을 비롯한 수많은 판타지 소설이 인용되고, 아시모프·하인라인의 작품을 비롯한 공상과학소설(SF), '던전 앤 드래곤'을 비롯한 컴퓨터 게임, 심지어 일본 애니메이션 〈아키라〉의 주인공 가네다와 데쓰오까지 다양한 대중문화의 아이콘이 등장한다. 그러나 굳이 인터넷으로 검색해가면서 읽지 않아도 책을 손에서 놓기 어려울 정도로 흥미진진하다. 개인적으로는 그해 나온 소설 중 가장 재미있게 읽은 책이기도 하다. 하지만 이 소설을 읽고 어딘가 찝찝한 기분을 느낀 사람은 나 하나만은 아닐 것이다.

나로서는 도저히 그 이유를 짐작하기 어렵지만, 어떤 사람들은 독재가 이루어지던 시절에 대해 향수를 지니고 있는 것 같다. 결국 당명을 바꾸기는 했지만 얼마 전까지만 해도 특정 정치인의 이름을 따서 그 사람과 친한 사람이 연대한 모임이라는 뜻의 당명을 공식 명칭으로 하는 정당이 존재했던 것을 보면, 어떤 사람을 무조건 추앙하는 것이 이상하게만 받아들여지지도 않는 것 같다. 하지만 그 시절에 존재한 법조문과 그때의 '사법절차'를 보면 과연 그 시기를 그리워할 수 있는지 의문이다.

천안함 사건 직후 반공을 국시로 하던 독재 시절에 대한 미화가 눈에 띄게 늘어났다. 한 신문에서는 국립현충원에 있는 박정희 전 대통령의 묘소 방명록에 사람들이 '우리나라를 지켜주세요'라고 써놓는다는 칼럼을 싣기도 했다. 하지만 정말 그 시기를 보면서 우리나라가 잘 지켜지던 때라고 할 수 있을까? 많은 사람들이 정권을 비판했다는 이유만으로 끌려가 고문을 당하고 중형을 선고받고 심지어 사형까지 당했던 시절을 '지켜야' 할 이유가 있을까? 너무나 쉽게 과거를 잊는 사람들의 모습을 보면, 아벨라르의 비극이 그 손자인 오스카 와오에게까지 이어지듯이, 독재의 상흔은 쉽게 지워지지 않는 것 같다.

음모론 대
국론통일

🔍

전혀 예상하지 못한 사건을 계기로 모든 사람이 동시에 한 시대가 지났음을 실감할 때가 있다. 사람들은 그런 일이 일어났을 때 무엇을 하고 있었는지 결코 잊지 못한다. 2009년 5월 23일 아침 노무현 전 대통령 서거라는 믿기지 않는 소식을 듣고 충격에 빠졌던 사람들은 그 순간의 기억을 생생하게 간직할 것이다. 같은 일이 1963년 11월 22일 낮 12시 30분 미국인들에게 일어났다. 존 F. 케네디 대통령이 암살당한 것이다.

팻 콘로이의 소설 《사랑과 추억》에는 케네디 사망 사건을 들은 사람들의 반응이 묘사된 장면이 있다. 새로운 시대를 열어 갈 것으로 믿었던 대통령의 사망 소식을 들은 사람들은 절망을 감추지 못한다. 운전을 하다가 라디오 뉴스를 듣고는 자신도 모르게 갓길에 차를 세우고 흐느낀다. 과거와 달라졌다고 생각했던 세상은 여전히 한 치의 변함도 없이 옛 모습 그대로였던 것이다. 그것만큼 사람들을 좌절시키는 것은 없다.

마법의 탄환

케네디와 부인 재클린 그리고 텍사스 주지사 코넬리 부부를 태운 리무진은 댈러스 시내 교과서 창고 건물을 지나고 있었다. 전통적으로 공화당을 지지해온 고장이었지만 연도에는 대통령을 환영하는 인파가 줄을 지어 있었다. 케네디는 기쁜 마음으로 손을 흔든다. 앞자리에 탄 주지사 부인은 케네디를 돌아보며 "대통령님, 댈러스 시민이 대통령님을 사랑하지 않는다고는 못하시겠죠?"라고 말을 건넨다. 바로 그때 몇 발의 총성이 울린다.

  뒤쪽에서 날아온 첫 번째 총알은 대통령의 등에 맞았다. 이것이 이른바 '마법의 탄환'이다. 이 총알이 계속 날아가 앞자리의 주지사를 관통했는지, 혹은 다른 곳에서 날아온 총알이 주지사를 맞혔는지에 관한 논쟁이 음모론의 핵심이다. 케네디를 승계한 린든 존슨 대통령은 암살 사건을 조사하기 위해 워렌 대법원장을 위원장으로 하는 조사위원회를 만들었다. 위원회의 발표에 따르면, 암살범인 리 하비 오스왈드는 단독범이다.

그는 세 발의 총탄을 발사했는데 한 발은 빗나갔고 한 발은 케네디의 머리에 치명상을 입혔다. 따라서 공식발표에 따르면 주지사를 맞힌 총알은 케네디의 등에 맞은 첫 번째 탄환일 수밖에 없다. 그 총알은 케네디의 등으로 들어가 목 부분을 뚫고 나왔다. 다시 앞자리에 앉은 주지사의 등으로 들어가 갈비뼈를 부러뜨리며 튀어나온 총알은 날아가 주지사의 오른쪽 손목을 관통하고 손바닥으로 나온다. 그것만으로는 부족했는지 그 총알은 최종적으로 주지사의 왼쪽 허벅다리에 박혀서야 파란만장한 여정을 끝낸다. 워렌 보고서를 불신하는 사람들이 이 총탄을 '마법의 탄환'이라고 부르는 것도 무리는 아니다.

사건이 일어난 지 15년 뒤 미국 의회는 또 하나의 조사위원회를 탄생시킨다. 워렌 위원회의 조사결과를 검토한 뒤 의회 조사위원회는 놀라운 결론을 내린다. 오스왈드가 단독범이 아닐 가능성이 높다는 것이다. 새로운 발표에 따르면, 암살 당시 발사된 총탄은 네 발이다. 오스왈드는 대통령이 탄 리무진의 뒤쪽 교과서 창고 건물의 6층에서 세 발을 쐈다. 마지막 한 발은 정반대 방향, 즉 리무진 앞쪽에 있는 언덕(여기서 언덕으로 번역되는 영어 단어는 'hill'이 아닌 작고 둥근 언덕이라는 뜻의 'knoll'이다. 잘 쓰이지 않는 이 단어는 케네디 암살 사건을 계기로 세계적으로 유명해지고 수많은 소설과 영화에서 음모론을 상징하는 단어로 패러디 대상이 된다)에서 발사되었다. 두 곳에서 발사된 총탄. 이는 이 사건이 단독범행이 아니라는 것을 의미한다. 암살 직후부터 꿈틀거리던 음모론은 이제 미국 의회의 인정이라는 뜻하지 않은 원군을 얻게 되었다.

케네디 암살을 둘러싼 음모론은 너무나 다양해 일일이 열거하기 힘들 정도다. 중앙정보국(CIA)과 연방수사국(FBI)은 음모론에 단골로 등장하는 주인공들이다. CIA는 카스트로를 피해 미국으로 온 쿠바 망명자들과 함께 케네디 암살을 공모했다는 의심도 받는다. 하지만 정반대로 카스트로 쪽에서 암살 음모를 주도했다는 주장도 있다.

최근 화제가 되었던 《화폐전쟁》에서 중국 출신 경제학자 쑹훙빙은 미국 연방준비은행을 지배하는 국제 금융재벌들이 케네디를 살해했다는 주장을 폈다. 케네디 정부가 은본위 화폐를 발행하려는 움직임을 보이자 자신의 이익이 타격을 입을 것을 우려한 금융재벌들이 암살에 나섰다는 것이다. 많은 독자의 관심을 끌었지만, 실제로 이 이론은 1989년에 이미 짐 말스라는 작가가 《크로스파이어》라는 책에서 주장했고 반론까지 나와 있는 상태다.

이렇게 많은 음모론이 등장하는 이유 중 하나는 암살범인 리 하비 오스왈드가 소설보다 더 드라마틱하고 믿기 어려운 삶을 살았다는 것이다. 돈 드릴로의 소설 《리브라: JFK 암살범에 관한 기록》은 오스왈드의 별자리인 '천칭좌'(libra)를 제목으로 그의 인생과 대통령 암살을 둘러싼 수많은 의혹, 그리고 우연과 필연을 절묘하게 뒤섞어놓았다.

우연과 필연 그리고 오스왈드

1939년생인 오스왈드는 사생아다. 그의 아버지는 그가 태어나기 두 달 전에 세상을 떠났다. 그는 열여덟 살이 되기까지 22번 이사를 다녔고 12번 전학을 했다. 경제적 어려움으로 다른 집에 맡겨지기도 했다. 그는 난독증이 있었고 고등학교를 중퇴했지만, 닥치는 대로 책을 읽으려 했고 열다섯 살이 되었을 때는 공부를 통해 마르크스주의자가 되었다고 주장한다. 열일곱 살에는 해병대에 입대해 일본 아쓰기 기지에 근무한다. 아쓰기 기지는 소련 상공을 비행하는 CIA의 U2 정찰기가 발진하는 곳이다. 오스왈드는 국가안보의 최전선에서 복무하게 된 것이다. 3년 뒤 그는 소련으로 가서 망명을 신청한다. 소련 정부가 거절하자 미국 대사관을 찾아가 미국 시민권을 포기하겠다는 선언도 하고 소련 관리에게 U2기에 대한 정보를 주겠다는 제안도 한다. 마침내 그는 민스크로 보내져 공장 노동자가 된다.

그러나 현실의 공산주의 국가는 그의 상상과는 달랐다. 너무 단조로운 생활에 질린 그는 공산주의 체제를 비판하는 일기를 쓴다. 민스크에서 결혼을 하고 아이도 하나 갖지만 결국 4년 만에 미국으로 돌아온다. 미국으로 돌아온 뒤에도 그의 인생은 파란만장하다. 케네디 암살이 일어난 해인 1963년 4월에는 널리 알려진 반공주의자이자 인종차별주의자인 에드윈 워커 장군을 저격한다. 친카스트로 단체와 반카스트로 단체에 모두 접촉을 한다. 멕시코로 건너가서는 쿠바를 거쳐 소련으로 가겠다고 하면서 쿠바 비자를 신청하기도 한다. 얼마 뒤 댈러스로 돌아온 그는 교과서 창고에 취직을 한다. 한 달 뒤 대통령에게 총을 쏘는 장소가 바로 그 회사 건물이다.

암살 당일 체포되어서는 혐의를 강력하게 부인한다. 이틀 뒤 수갑을 찬 채 구치소로 이송되던 오스왈드는 수많은 보도진이 지켜보는 가운데 댈러스의 나이트클럽 지배인 잭 루비가 쏜 총에 맞아 숨진다.

돈 드릴로는 작가의 말에서 자신은 케네디 암살과 관련된 의문에 해답을 제시하려 하지는 않았다고 밝힌다. 소설 속에서는 CIA를 비롯한 다양한 인물의 음모가 강하게 시사되지만 그렇다고 해서 딱히 어느 한쪽의 결론을 지지하지는 않는다. 오히려 우연과 필연, 실제로 일어난 일과 의도되었지만 실행되지 않은 일들이 층층이 겹치면서 어떤 일의 진상을 완벽하게 파악하기는 불가능하다는 이야기를 하려는 것으로 보인다.

50년이 지나도 끝나지 않는 공방

소설이 아닌 현실에서의 공방은 어떨까? 최근에 이르러서는 음모론이 급격히 힘을 잃고 오스왈드의 단독범행설이 다수설로 자리를 잡는 것처럼 보인다. 1993년 제럴드 포스너는 음모론을 공격하는 《사건 종결》이라는 책을 써서 퓰리처 상 후보에 올랐다. 이라크 전쟁을 일으킨 부시를 살인죄로 기소해야 한다는 내용의 책을 써서 우리나라 독자에게도 친숙한 검사 출신의 빈센트 불리오시는 2007년 《역사 바로 세우기》라는 1,600페이지짜리 대작을 쓰고는 오스왈드의 단독범행을 '입증'했다고 주장했다.

그렇다면 이제 논쟁은 끝난 것일까? 그렇지는 않은 것 같다. 〈뉴요커〉는 불리오시의 책에 대한 서평에서 "음모론자들이 자신의 이론을 '입증'한 것처럼 불리오시는 단독범행을 '입증'했다"라고 썼다. 다툼의 여지없이 진상을 파악한다는 것은 그렇게 간단한 문제가 아닌 것이다.

돈 드릴로의 책을 비롯해 케네디 암살을 소재로 한 많은 책을 읽다 보면, 대통령 살해 사건을 다루면서도 언론인이나 작가들이 상상력을 발휘해 온갖 가능성을 타진해보는 데 하등의 망설임도 갖지 않는다는 사실을 확인할 수 있다. 다양한 견해가 서로 부딪히고 공방을 벌인다. 틀린 주장을 하더라도 반박을 받을 뿐 불이익을 당하지는 않는다.

우리의 경우는 어떨까? 천안함 사건이 일어난 뒤 오랫동안 들어보지 못한 구호가 다시 등장했다. 바로 '국론통일'이다. 모든 사람이 같은 결론을 받아들여야 한다는 것이다. 민·군 합동조사단 발표에 의문을 제기하면 과학적 지식도 없으면서 전문가가 내린 결론을 받아들이지 않는다는 공격을 당한다. 이것이 과연 올바른 태도일까? 합동조사단이 조사결과를 발표한 날 언론과의 일문일답을 보면 과학적 영역이 아닌 논리적으로도 모순을 지적할 수 있는 부분이 있다. 연합TF 단장인 황원동 공군 중장은 북한 잠수함의 침투 경로를 묻는 취재진의 질문에 "침투 경로는 식별되지 않았"다고 대답한다. 그러나 도주 경로를 묻는 질문에는 "침투한 경로로 되돌아간 것으로 확인되었다"고 대답했다. 비유를 하자면 이는 'A의 고향이 어딘지는 모른다. 그러나 A는 현재 고향에 있는 것으로 확인되었다'고 말하는 것과 마찬가지다. 침투한 경로를 모르는데 침투 경로로 도주했다는 것이 어떻게 '확인'될 수 있는가. 차마 '국론'으로 '통일'할 만한 견해라고 보기는 어렵다. 그럼에도 발표에 의문을 제기하는 것 자체가 금기시된다.

합동조사단 위원이던 신상철 씨는 공식발표와 달리 좌초설을 주장하다 명예훼손으로 고소당해 수사를 받았다. 검찰은 그를 불러 좌초설의 근거와 배경을 캐물었다고 한다. 과연 이

것이 '국익'에 도움이 되는 일일까? 우리 정부와 북한은 세계 각국을 상대로 외교전을 펴고 있다. 조사단 위원을 수사하는 것은 북한에 더할 나위 없는 공격 거리를 제공하는 것 아닐까? 북한이 "남한은 정부 발표와 다른 의견을 말하면 소환해서 조사를 한다. 심지어 합동조사단 위원도 공식 견해와 다른 주장을 했다는 이유로 검찰에 불려가 수사를 받고 있다"고 비난한다면 어떻게 대응할 수 있을까? "합동조사단은 전문가들이 모여 조사를 했기 때문에 절대로 옳고, 신상철 씨의 주장은 절대로 틀렸다"라는 대답이 통할 수 있을까? 언론이 '국론통일'을 외치는 것이 과연 우리의 외교전에 도움이 될까?

케네디 암살 뒤 첫 번째 공식조사단의 단장이었던 얼 워렌은 세계적으로 존경받는 법률가다. 두 번째 조사단인 의회 조사단에서도 각 분야 최고의 전문가가 모여 철저한 조사를 했다. 그 두 조사단이 내린 결론은 전혀 다르다. 노벨문학상 수상 후보로 거론되기도 하는 돈 드릴로는 진실이 얼마나 다양한 모습을 가졌으며 파악하기 어려운 것인지에 관한 책을 썼다. 천안함 민·군 합동조사단의 발표와 다른 주장은 모두 유언비어이고 공식발표가 절대로 옳은 것이라고 자신 있게 말할수 있을까? 나는 정말 그랬으면 좋겠다.

모든 전쟁은
범죄다

노무현 전 대통령에게 대단한 호감을 가지고 있지는 않은 것
으로 알려진 이명박 대통령의 참모들이, 노 전 대통령이 무척
좋아했던 미국 정치드라마 〈웨스트윙〉 DVD를 이 대통령에게
선물해 화제가 된 일이 있다. 개인적으로는 현 징부의 청와대
비서진이 지금까지 했던 몇 안 되는 잘한 일 중 하나라고 생각
한다(〈웨스트윙〉의 전편을 세 번 이상 본 광팬의 입장에서 순전히 느낌
을 말하자면, 노무현 전 대통령은 이 드라마를 너무나 열심히 본 나머지
주인공인 바틀렛 대통령과 자신을 동일시했던 것 같고, 이명박 대통령은
모처럼 나온 참모들의 좋은 권유에도 한 편도 보지 않은 것 같다).

군대에서 명령이 갖는 의미

이 드라마의 한 에피소드에 비키 힐튼이라는 해군 파일럿이 등장한다. 그녀는 F-14 톰캣을 조종한 최초의 여성이고 우수한 실적으로 중령 자리에 오른 최고의 엘리트다. 군대 내 남녀 차별의 장벽을 헤치고 정상의 자리로 달려가던 힐튼은, 어느 날 명령불복종죄로 체포된다. 유부남인 부하 장교와 연인 관계이던 힐튼이 관계를 끝내라는 상사의 지시에 따르지 않았던 것이다. 간통은 미국법상 범죄가 아니다. 군대 규칙에도 기혼인 동료 혹은 부하와 연애해서는 안 된다는 규정은 없다. 법적으로만 볼 때 힐튼이 받은 명령은 개인의 사생활에 간섭하는 부당한 지시였던 것이다.

군대 경험이 없는 바틀렛 대통령은 그녀를 사면하려고 한다. 나중에 대통령 자리에까지 오른 아이젠하워는 군인 시절 참전 중인데도 비서이자 부하 장교인 케이 서머스비와 연인 관계였던 것으로 알려졌다. 물론 아무런 처벌도 받지 않았다. 남자 군인들이 흔히 하는 일을 했을 뿐인데 여군이라고 해서 부당한 대우를 받으면 안 된다는 것이 바틀렛의 논리였다. 이에 맞서 참전군인 출신인 비서실장 리오는 아이젠하워에게 서머스비와 만나지 말라고 명령한 사람은 없었다고 반박한다. 힐튼은 부하 장교와 연애를 했다고 처벌받는 것이 아니라, 헤어지라는 명령에 불복종해서 군사재판에 회부된다는 것이다. 군인에게 명령이란 생명과 같은 것이어서 설사 불합리한 명령이라고 하더라도 일단 무조건 복종해야 한다는 것이 그의 주장이다. 전쟁터에서 전투 명령을 받은 병사가 그 명령이 적절하다고 판단할 때는 따르고 다른 더 좋은 대안이 있다고 생각되면 복종하지 않는다면 군대의 존립 자체가 불가능해진다는 것이다. 바틀렛 대통령은 이 말에 동의하고 사건에 개입하지 않기로 결정한다.

군대에서 명령이 갖는 의미에 대한 리오의 논리에는 수긍이 간다. 그러나 명령에 절대 복종을 요구할 수 있으려면 명령의 정당성에 대한 검증이 반드시 따라야 한다. 구체적인 명령을 내리기 전에 그 명령으로 달성하려는 목적이 무엇인지 분명히 설정되어 있어야 하고, 목적의 달성 경로에 대한 계획도 마련되어 있어야 한다. 그리고 목적이 정당하려면 당연히 평화를 유지하기 위한 것이어야 한다. 전쟁은 너무나 많은 사람들을 비참한 상황에 빠지게 하므로 '전쟁의 위험을 감수하고라도' 달성이 필요한 목적이란 존재할 수 없기 때문이다. 전쟁을 일으키는 결정이, 그리고 전쟁 중의 상황이 얼마나 비인간적이고 비논리적인지를 내용과 형식을 통해 보여주는 소설이 조지프 헬러의 《캐치-22》다.

주인공 요사리언은 2차 대전 당시 유럽에 파병된 미군 병사다. 폭격기에 타고 폭탄을 투여하는 임무를 맡은 그는 죽기를 두려워한다. 꾀병을 부려서라도 죽지 않고 고향에 돌아가는 것이 그의 소원이다. 그런 그를 가로막는 것이 소설의 제목으로 쓰인 '캐치-22'(영어 단어 catch에는 '법의 조항'이라는 뜻과 '함정'이라는 뜻이 있다. 여기서는 '제22조'쯤으로 번역할 수 있다)이다. 정신이 이상해진 군인은 귀향할 수 있게 해주어야 한다고 주장하는 그에게 군의관은 이렇게 설명한다. "미치면 임무를 면제받을 수 있지. 신청만 하면 돼. 하지만 전투에서 빠지겠다고 신청하는 사람을 미쳤다고 할 수는 없지 않나. 그렇기 때문에 면제 신청을 하는 사람은 다시 전투에 나가야 하네." 이것이 바로 '캐치-22'라는 조항의 논리다. 소설 제목으로 만들어진 이 단어는 그 뒤 도저히 벗어날 수 없는 상황을 가리키는 일반명사로 쓰이게 되었다. 소설은 주인공들의 비현실적인 대화와 비논리적인 상황의 연속으로 점철되어 있다. 사건 배열도 시간적 순서를 무시한 채 뒤죽박죽으로 섞여 있다. 전쟁이란 상황의 모순을 형식을 통해서도 보여주려는 것이 작가의 의도다.

'확전 자제'는 잘못된 전략인가

북의 연평도 포격으로 위기를 맞았던 우리의 상황은 어떠했는

가. 우리 정부는 과연 군인들에게 합리적이고 지혜로운 명령을 내렸는가. 언론을 통해 전해진 상황은 그렇게 보이지 않는다. 포격 직후 벌어진 '확전 자제' 논란이 대표적인 예다. 청와대 대변인은 대통령이 사태 직후 "확전이 되지 않도록 관리를 잘하라"는 지시를 했다고 발표했지만, 청와대는 나중에 대통령이 그런 발언을 한 일이 없다고 부인했다. 심지어 잘못된 발언을 전달했다는 이유로 국방부 장관과 국방비서관을 경질하기까지 했다. 여기서 한 가지 의문이 생긴다. '확전 자제'가 우리의 전술 혹은 전략적 목표인가 아닌가라는 질문이 그것이다. '확전 자제'가 목표인 것은 맞지만, 실제로 대통령이 그런 발언을 한 사실은 없는데 국방비서관이 '확전 자제'라는 말을 전한 것이라면 단순한 소통의 문제다. 그러나 애당초 '확전 자제'가 우리 목표가 아니었고 대통령도 그런 말을 한 일이 없는데 비서관이 그런 말을 했다면 도대체 이 말은 어디서 나온 것인지 의문을 제기할 수밖에 없다.

징병제를 실시하고 있는 분단 상황에서 북한이 도발을 감행할 것을 예상하고 미리 대처 계획을 세우는 것은 정부가 당연히 해야 할 의무다. 다양한 침범 시나리오 중에는 연평도를 비롯한 서해 도서가 포격을 당하는 경우에 관한 것도 있을 것이다. 그런 사태가 벌어졌을 때 우리가 최우선적으로 상정해야 하는 목표는 무엇인가. 전쟁의 위험을 감수하고라도 공습을 감행하는 등 '몇 배로 응징'해서 우리가 입은 피해를 넘는 타격을 입히는 것인가. 혹은 확전이 되지 않도록 주의하면서 북한의 공격과 비슷한 수준의 반격을 하는 것인가. 우리 정부의 모습을 보면 애초에 그런 목표 자체가 정해져 있지 않은 것 아닌가 하는 걱정이 든다. 국방부 장관을 경질한 뒤에도 우리의 목표가 무엇인지에 관한 정부의 분명한 설명이 없다.

정부가 우왕좌왕하는 모습을 보이다 보니 다양한 종류의 주장이 나온다. 그중에 하나가 전쟁불사론이다. 한 신문은 심지어 전면전이 벌어지더라도 3일 이내에 제공권을 장악할 수 있으므로 국민이 3일만 견뎌주면 승리할 수 있다는 내용의 글을 싣기도 했다. 도대체 무슨 근거로 3일을 견디면 승리할 수 있다는 것인지, '견딘다'는 말의 의미가 무엇인지 알 수는 없지만, 역사를 보면 그런 주장이 옳다고 입증된 적은 한 번도 없었다고 반박할 수밖에 없다.

6·25 이전에 남한의 국방 책임자들이 "아침은 개성에서, 점심은 평양에서, 저녁은 신의주에서"를 외치면서 전쟁이 벌어져도, 심지어 북침을 하더라도 손쉽게 이길 수 있다고 주장하던 것은 널리 알려진 사실이다. 전쟁이 일어나자 그들은 한강 철교를 폭파하고 줄행랑을 놓았다. 전쟁 중에 200만 명이 넘는 사람들이 억울하게 죽음을 맞았다. 대량살상무기의 존재를 이유로 이라크전을 일으킨 조지 W. 부시 전 미국 대통령은 개

전 2개월 뒤인 2003년 5월 1일 미 항공모함 에이브러햄링컨호 선상에서 '임무 완수'라고 적힌 배너를 배경으로 자랑스럽게 승전을 선언했다. 주요 전투는 모두 끝났다는 것이었다. 그때까지 전사한 미군 수는 139명이었다. 그러나 부시의 승전선언 이후 서른 배에 가까운 4,000명의 미군이 더 전사했다. 이라크 민간인의 경우 그때까지 사망자 수는 7,500명이었지만, 전쟁이 사실상 종료되었다고 선언된 이후 6만 명이 더 목숨을 잃었다.

3일만 견디면 된다고 말하는 사람들에게 이런 사실들을 알고 하는 말이냐고 묻고 싶다. 전쟁의 결과는 아무도 장담할 수 없다. 이 때문에 우리 목표는 '평화 유지'가 되어야 하는 것이다.

《캐치-22》의 주인공 요사리언은 전투에 나가야 하는 처지를 한탄하면서 "모든 사람들이 날 죽이려고 해"라고 말한다. 이에 대해 동료인 클레빈저는 "자넬 죽이려고 하는 사람은 아무도 없어. 그들은 누구에게나 포를 쏴. 그들은 누구나 다 죽이려고 해"라고 반박한다. 나만을 죽이려는 것이 아니라 모든 사람을 죽이려 한다는 것이 위안이 된다고 생각하는 걸까? 전쟁이란 이런 논리가 통할 수 있는 것이다. 그러한 상황에서 요사리언이 귀향을 위해 마쳐야 하는 출격 수는 25회에서 30회, 30회에서 50회로 계속 늘어난다. 우리가 전쟁을 치러야 하는 상황이 오더라도 그것이 애초에 예상된 시간에 끝난다는 보장은 전혀 없다.

〈웨스트윙〉에는 전범재판소의 승인과 관련된 에피소드도 있다. 대통령 비서실장 리오는 미국이 전범재판소에 관한 협정에 가입해야 한다고 주장하면서 반대하는 현역 장군과 설전을 벌인다. 전쟁에는 정당한 전쟁과 부당한 전쟁이 있고, 전쟁 중에 허용되는 행위와 용서받을 수 없는 행위가 있는데, 민간인 학살 등 '전쟁범죄'는 국적에 상관없이 처벌해야 한다는 것이 그의 주장이다. 2차 대전 중 리오의 동료였던 장성은 리오가 출격 임무를 맡아 폭격한 다리가 사실은 군사시설이 아니었고 그 폭격으로 민간인들이 억울하게 죽었다는 사실을 알려주면서 이렇게 말한다. "모든 전쟁은 범죄라네."(All wars are crimes) 전쟁은 범죄다. 그리고 범죄를 부추기는 것도 범죄다.

테러범에겐 법정이
필요 없다?

에너미 컴배턴트(Enemy Combatant). 9·11 사건 이후에 미국
에서 유행한 용어다. '적 전투병' 정도로 직역할 수 있는 이 말
이 자주 등장하게 된 것은 9·11 사건에 연루된 용의자들을 어
떻게 다루어야 할지가 문제되었기 때문이다. 민간인이 범죄
혐의를 받고 체포되면 '피의자'가 된다. 나라에 따라 차이는 있
지만, 형사소송법에 따라 변호사를 선임할 수 있고 진술거부
권·보석신청권 등의 권리를 갖게 된다. 검사가 기소를 하고
일반 법정에서 배심원 혹은 판사에게 재판을 받는다. 조지 W.
부시의 미국 정부는 테러리스트에게 이런 권리를 인정하고 싶
지 않았기 때문에 이들을 민간인이 아닌 전투병으로 다루려
했던 것이다. 군인이 전투 중에 사로잡히면 피의자가 아니라
단순히 포로가 될 뿐이다.

물론 포로라고 해서 아무런 권리도 없는 것은 아니다. '적법한' 전투 중에 포로가 된 군인은 1949년에 만들어진 제네바협약에 따른 처우를 받는다. 인격적인 대우를 해야 하고 생명의 위협이나 고문은 금지된다. 만일 포로가 저지른 어떤 행위에 대해 처벌을 하려면 "문명국에서 인정되는 모든 형사절차상의 권리가 보장된 정규적인 법정에서 선고된 판결"에 의해야 한다. 그러나 부시 행정부가 테러범으로 체포된 사람들을 '적법한' 포로로 대우하려는 것은 아니었다. 9·11 이후에 쓰이던 에너미 컴배턴트라는 용어는 제네바협약이 규정하는 포로에 해당하지 않는 '불법전투원'을 의미했다.

불법전투원이란, 예를 들어 교전 중 적군에 침투해 정보 수집을 하는 스파이 혹은 군복을 입지 않고 몰래 적진에 잠입해 인명을 살상하거나 재산을 파괴하는 사람을 말한다. 이런 활동은 적법한 전투라고 할 수 없기 때문에 일단 체포되면 제네바협약에 따른 처우를 받지 못한다. 군사재판을 거쳐 처벌 받게 된다. 그러나 미국 정부는 9·11 관련 용의자를 비롯한 테러리스트들에게 일반적인 군사재판을 받게 해줄 생각마저도 없었다.

2001년 9월 18일 미 의회는 '테러리스트에 대한 군사력의 사용 승인'이란 결의안을 채택한다. 그리고 이 결의를 근거로 부시 대통령은 '대테러 전쟁 중 미국 시민이 아닌 특정한 사람들에 대한 구금 · 처우 · 재판'이라는 행정명령을 내린다. 여기서 말하는 '미국 시민이 아닌 특정한 사람들'은 바로 알카에다나 탈레반 등 테러조직의 구성원이나 그 지지세력으로 의심받는 사람들을 가리키고, 이들이 바로 에너미 컴배턴트다.

미국의 무리수

부시 대통령의 행정명령은 테러범을 일반 군사법원도 아닌 '군사위원회'라는 곳에서 재판하도록 했다. 피고인에 대한 최종적인 권한을 국방장관이 갖는 것이다. 많은 사람들이 왜 테러범이라고 해서 일반 법정이나 혹은 그것이 어렵다면 통상적인 군사법원에서 재판을 할 수 없느냐고 비판했다. 부시 행정부는 재판에 걸리는 시간을 단축하기 위해서라고 답변했지만, 결국 이러한 논란 때문에 실제 군사위원회가 활동을 시작하는데는 몇 년이 걸려야 했고 테러범에 대한 재판은 일반 사건보다 오히려 오래 걸리게 되었다.

군사위원회에서 재판을 받는 테러 용의자들은 민간 법정이나 일반 군사법원에서 재판을 받는 사람들에게 당연히 인정되는 권리를 갖지 못한다. 불리한 증거를 반박하기는커녕 자신의 죄를 입증하기 위해 제출된 증거가 무엇인지 알 수도 없다.

국방부가 고문이라고 인정하지 않는 이상, 강압적인 조사로 얻어낸 증거도 사용될 수 있다. 변호인을 자유롭게 선택할 권한도 없다. '기밀정보를 볼 자격이 인정된' 변호사들 중에서 고를 수 있을 뿐이다. 무엇보다도 당시 국방장관인 럼즈펠드는 군사위원회에서 재판을 받는 피고인은 '불법전투원'이기 때문에 설사 무죄판결을 받는다고 해도 석방이 되는 것은 아니라고 말했다. 무죄를 선고받아도 풀려나지 못한다면 재판을 받을 이유를 찾기 어렵다. 쿠바 관타나모 기지에 수감된 테러 용의자들이 집단으로 재판을 거부한 것도 이 때문이다. (이 군사위원회가 위헌인지 여부는 뜨거운 논쟁의 대상이 되었다. 연방지방법원은 위헌으로 판단했으나 항소법원은 합헌이라고 했고, 연방대법원은 다시 위헌이라고 선언했다. 그러나 2006년 미국 의회는 연방대법원의 위헌판결을 무력화하는 '군사위원회법'을 통과시켰다. 연방대법원은 이 법률의 일부 조항에 대해 다시 위헌판결을 했고 2009년 오바마 대통령은 법률의 독소 조항을 개정한 법률에 서명했다.)

사법 시스템에 대해 자부심이 대단했던 미국이 이렇듯 무리한 절차를 밀어붙인 것은, 당연한 일이지만 9·11 사태에 따른 충격 때문이다. 독립 이후 최초의 본토에 대한 공격, 2,976명에 달하는 사상자(그중 펜타곤에서 사망한 55명을 제외한 나머지 전원이 민간인이었다)는 미국을 공황상태에 빠뜨렸다. 미국인이 보기에 이런 짓을 저지르는 테러리스트는 도저히 자신과 같은 사람이라고 할 수 없었다. 알카에다·탈레반 등 테러조직의 구성원에게 법치주의의 혜택을 준다는 것은 정신 나간 짓이 아닐 수 없다. 민간 항공기를 몰고 빌딩으로 돌진하는 자들은 이미 인간으로 대접받기를 포기한 것 아니겠는가.

그러나 테러리즘을 그렇게 단순히 절대악으로 치부하고 분노와 격분의 대상으로만 삼는 것이 과연 '이기는 길'이라고 할 수 있을까? 나이 어린 소년들과 임산부까지 동원해 자살폭탄 공격을 감행하고, 어린이를 포함한 민간인을 눈 하나 깜짝 않고 해치는 잔인무도한 행동을 옹호할 마음은 전혀 없다. 나름의 분쟁과 갈등의 역사를 가진 세계 각지에서 생겨난 테러리즘에 공통된 원인을 제시할 수 있다는 생각도 하지 않는다. 하지만 잔인한 테러를 저지르는 범죄자라고 해서, 애초에 그 동기를 알아볼 생각조차 갖지 않는 것은 너무 성급한 일이 아닐까? 우리가 그들을 도저히 이해할 수 없는 집단으로 단정하고 공포와 적개심만 느끼게 되는 것이야말로 잔혹한 테러를 기획하는 자들의 목적이 아닐까? 그런 관점에서 볼 때 인도 카슈미르 출신인 한 테러범의 범행동기를 파헤친 살만 루슈디의 《광대 샬리마르》는 일독의 가치가 있다.

테러범이 테러범이 된 이유는?

주인공인 테러리스트 샬리마르는 주(駐)인도 미국대사를 지낸 막시밀리안 오퓔스를 잔인하게 살해한다. 오퓔스 전 대사는 딸을 만나러 가는 중이었고, 샬리마르는 암살 계획을 가진 채 그의 운전기사로 일하고 있었다. 딸 인디아가 보는 앞에서 오퓔스 대사는 참혹하게 살해당한다.

인도 대사를 지낸 오퓔스는 가장 미국적인 인물이며 미국인의 사랑을 한 몸에 받는 저명한 정치인이다. 어딘지 케네디 대통령을 연상시키는 그는 프랑스의 스트라스부르에서 출판업을 하는 유대인 부모 사이에서 태어났다. 제2차 세계대전이 일어나자 가업으로 배운 인쇄술을 이용해 레지스탕스를 돕기 위해 위조신분증을 만드는 일을 한다. 나치에 의해 부모가 수용소로 끌려가자 전설적인 자동차 디자이너 부가티가 만든 비행기를 몰고 영국으로 탈출해 영웅이 된다. 탈출을 도와준 레지스탕스 동지와 결혼한 그는 이제 자유의 상징이다. 종전 직전에는 미국 브레턴우즈에서 국제통화기금(IMF)과 국제부흥개발은행(IBRD) 탄생의 산파역을 맡아 새로운 '세계공동체'를 만드는 데 한몫한다. 그 뒤 미국에 귀화해서 인도 대사를 지낸다.

그와 반대편에 있는 암살자 샬리마르를 이해하려면 비극의

땅 카슈미르의 역사를 조금 살펴볼 필요가 있다. 카슈미르 주민의 다수는 이슬람교를 믿는 무슬림이지만 통치자는 힌두교도인 마하라자였다. 1947년 인도가 영국으로부터 독립하자 마하라자는 카슈미르를 인도에 합병하는 결정을 한다. 이슬람 국가인 파키스탄이 반발했고 인도와 전쟁을 하게 된다. 두 나라는 그 뒤로도 두 번 더 전쟁을 벌인다. 카슈미르 일부가 티베트에 속한다고 주장하는(티베트는 중국의 일부이므로 결국 중국에 속한다고 주장하는) 중국도 분쟁의 한 축을 이룬다. 그런 곳에서 무슬림의 아들로 태어난 샬리마르는 같은 마을에 사는 힌두교도의 딸인 부미 카울과 사랑에 빠진다. 종교의 차이에도 불구하고 마을 주민들은 둘의 결혼을 받아들인다. 마을 최고의 줄타기 광대 샬리마르와 누구나 반할 수밖에 없는 매력적인 무희 부미, 두 사람의 앞날에는 축복만이 있을 것으로 보였다.

그러나 이야기는 그렇게 행복하게 끝나지 않는다. 전통 공연을 보기 위해 마을을 방문한 오퓔스 대사는 부미를 보고 욕정에 눈이 먼다. 대사는 부미를 인도 뉴델리로 초대하고 결국 첩으로 삼는다. 부미는 도시 한구석의 아파트에서 밤마다 오퓔스를 즐겁게 해주는 노리개로 전락한다. 절망에 빠진 샬리마르는 이슬람 군사조직에 합류하고(탈레반 지도자 무하마드 오마르를 연상시키는 인물과 조우하기도 한다), 점차 테러리스트의 길을 걷는다. 그의 목표는 오직 한 가지, 언젠가 오필스 대사와 부미, 그리고 그들 사이에 생긴 아이를 죽이는 것이다.

카슈미르의 역사와 문화, 그리고 비극을 풍부하게 담은 이 소설에서 루슈디는 모든 사람은 똑같은 감정과 욕망의 노예라고 말하는 듯하다. 브레턴우즈 체제를 만든 미국 정치인을 암살하는 카슈미르 출신의 이슬람 테러리스트. 겉으로는 정치적 대립으로만 보이는 모습이지만, 그 깊은 속에는 아내를 빼앗긴 남편의 질투와 복수심이 있는 것이다.(샬리마르를 진정으로 절망하게 하는 것은 미국 대사가 부미를 강제로 끌고 가지 않았다는 사실이다. 부미는 시골 마을과 광대 남편으로부터 벗어나고 싶은 심정에서 스스로 오필스를 유혹한다.)

테러리즘을 개인의 문제로 환원할 수는 없다. 모든 테러범이 감정적 동기에서 행동한다고 생각하는 것은 위험한 가정이다. 그러나 테러범이라고 해서 인간이기를 포기한, '정치적 기계'와 같은 존재로 보는 것도 너무나 단순한 사고라고 하지 않을 수 없다. "인종 청소", "하나를 죽이면 열 명이 겁을 먹는다"는 구호가 난무하는 카슈미르에 사는 사람들도 우리와 똑같은 얼굴을 가진 존재다. 종교와 지역에 따라 편을 나눈 채 피비린내 나는 보복을 주고받는 환경에서 줄타기 광대를 하다가 아내를 잃은 사람의 마음을 그렇게 쉽게 바라볼 수는 없다. 그들 한 사람 한 사람의 마음을 들여다보려는 노력은 하지 않고, 급조된 '군사위원회'의 재판을 통해 테러 문제를 해결하겠다고 생각하는 것은 정말 단견이 아닐 수 없다.

너 는 어 느 편 이 냐 고
묻 는 자 들 에 게

아서 케슬러의 《한낮의 어둠》은 공산주의를 정면에서 비판한 대표적인 소설이다. 공산주의 이론 자체와 함께 공산주의를 표방하는 국가의 현실에 대해서도 날카로운 메스를 가하고 있다. 시대적 배경과 장소가 명시되어 있지는 않지만, 전후 관계로 보아 소설의 무대는 스탈린 시대 '대숙청'이 벌어지는 소련 사회가 분명하다. 혁명의 주역이자 현재도 당당히 정치국원의 자리를 차지한 주인공은 한밤중에 체포되어 혹독한 신문을 받고 결국 처형된다. 그 과정의 묘사를 통해 작가는 1930년대 사회주의 진영의 문제점을 누구도 반박하기 힘들 만큼 통렬하게 비판한다.

　그런 만큼 1940년에 출간된 이 책이 최근에 이르러서야 정식으로 번역된 것은 약간 놀랍다. 수십 년간 반공을 국시로 내세우며 살아왔고, 심지어 초등학생을 대상으로 하는 반공글짓기대회, 반공웅변대회, 반공포스터그리기대회가 학교마다 열렸던 우리 사회가 아닌가. 따져보면 20세기 최고의 '반공소설'이라고 부를 만한 책이 제대로 소개도 되지 않았던 것은 의외라고 하지 않을 수 없다.

더구나 작가인 케슬러는 원래 공산주의자였다가 '전향'한 사람이다. 이데올로기 과잉 시대인 20세기 초반 많은 지식인이 다양한 사상 편력을 겪었지만 케슬러만큼 극적인 경험을 한 사람은 찾기 힘들다. 1905년 헝가리 부다페스트에서 사업가의 아들로 태어난 그는 기자로 일하던 중 1931년 독일 공산당의 당원이 된다. 그 뒤 몇 년간은 코민테른을 위해 선전·선동 활동을 한다. 1937년에는 내전 중이던 스페인에 잠입했다가 프랑코의 파시스트 군에 체포되어 사형선고를 받는다.

전향한 공산주의자가 진정 하고 싶었던 이야기는?

독방에 갇혀서 언제 찾아올지 모르는 집행관을 기다리던 작가의 경험은 그대로 이 소설에 녹아 있다. 밤이면 옆방에 수용된 동료 죄수가 처형장으로 끌려가면서 어머니를 부르는 소리를 듣는다. 가로세로 각각 여섯 발자국 반인 감방의 크기는 소설의 주인공이 갇혀 있던 방 크기와 똑같다. 한번은 그날 처형될 죄수를 위로해주러 온 신부가 케슬러의 방문을 열려고 하다가 "그 친구는 아니야"라는 간수의 말을 듣고 다른 방으로 발길을 옮기기도 한다. 꼼짝없이 죽을 날만 기다리던 케슬러는 다행히 프랑코의 심복인 공군 조종사의 아내와 포로 교환을 통해 석방된다.

그가 파시스트 때문에 죽을 고비를 겪은 경험은 이때만이 아니다. 스페인에서 석방된 뒤 프랑스에 머물던 그는 침공해 오는 나치를 피해서 영국에 가려고 한다. 연인이던 조각가 다프네 하디(그녀는 나중에 《한낮의 어둠》을 영어로 번역한다)와 함께 탈출하려다 계획이 좌절되었다고 생각한 그는 발터 베냐민에게서 얻은 극약을 먹고 자살을 기도하기도 한다. 그러나, 극우 세력으로부터 이 모든 고초를 겪었음에도, 결국 케슬러가 공격하는 것은 정반대 쪽에 있는 공산주의자다.

케슬러가 스탈린 치하의 공산주의 체제에 환멸을 느끼고 이 책을 쓰게 된 것은 개인적 경험에 의한 부분도 크다. 그를 처음 공산주의로 이끈 것은 소꿉친구이자 어린 시절의 연인이던 에바 스트리커다. 헝가리의 유명한 인텔리 집안에서 태어나 도예가가 된 그녀는 스물아홉 살이 되던 1935년 스탈린의 초청을 받고 소련에 가서 '소비에트 도예산업 예술감독'의 자리에 오른다. 그러나 겨우 1년이 지났을 때 에바는 스탈린 암살 음모에 참여했다는 혐의로 체포된다. 18개월 동안 혹독한 수감생활을 하던 그녀는, 자신을 신문하던 수사관이 처형된 뒤 석방된다(그녀는 이후 미국으로 이주해 여성으로서는 최초로 뉴욕 현대미술관에서 단독 전시회를 갖는 등 103세가 된 현재까지 성공적인 예술가로 살고 있다).

에바의 체포는, 그리고 그녀를 조사하던 수사관이 처형된 것은 1936~1938년 소련에서 벌어진 '대숙청' 과정에서 일어났다. 부하린, 지노비예프 등 혁명 영웅이자 당 간부인 이들이 반혁명 혹은 간첩 혐의 등을 받고 고문당한 뒤 사형되었다. 이 기간 중 적어도 170만 명 이상의 소련인이 체포되었고, 140만 명 이상이 유죄판결을 받았으며, 70만 명 이상이 사형되었다. 숙청 작업을 주도한 비밀경찰 NKVD(KGB의 전신인 내무인민위원부)의 우두머리 예조프도 죽음을 면하지 못했다. 예조프가 처형당한 뒤 스탈린과 함께 찍은 사진에서 그의 모습이 지워진 것은 유명한 이야기다. 이 일을 보면서 케슬러의 마음은 공산주의를 떠나게 되었고 결국 《한낮의 어둠》을 쓰게 된 것이다.

그러나 전향한 공산주의자의 자전적 경험을 토대로 쓴 이 소설이 단순한 '반공소설'만으로 읽히지 않는다. 오히려 하나의 사상을 강요하고 사회 전체를 한 가지 색깔로 획일화하려는 모든 시도에 대한 항의로 보는 것이 옳을 것이다. 그런 점에서 볼 때 다양성을 건강한 사회의 표지로 이해하고 자신과 다른 생각을 포용하려는 노력이 부족한 우리 사회의 '반공주의자' 혹은 자칭 '자유민주주의자'가 이 책의 소개에 열성을 보이지 않은 것도 이해가 가지 않는 것은 아니다.

당과 혁명을 위해 평생을 바친 사람

주인공 루바쇼프는 공산주의 혁명의 화신과 같은 존재다. 40여 년의 세월을 빨치산 활동을 비롯한 투쟁과 새로운 국가 건설에 바쳤다. 그에게 개인이란 아무 의미가 없다. 오로지 당만이 모든 것이다. 그는 대화를 할 때 '나'라는 1인칭 단수를 쓰지 않는다. 주어로 '우리'라는 단어를 쓸 뿐이다. 국가와 당이 곧 루바쇼프 개인이고, 자신과 당은 한 몸이기 때문이다.

　빨치산 대장 출신인 그는 과거의 부하들에게 낭만적인 모습으로 기억되기도 한다. 그러나 일단 혁명이 성공한 뒤에는 냉정한 정치가로 변신한다. 당에 불이익이 되거나 혁명 완수에 지장을 주는 사람은, 그 개인의 의도가 아무리 좋은 것일지라도 가차 없이 제거한다.

　혁명 뒤 루바쇼프는 주로 외국의 공산주의자를 지원하는 일

을 한다. 1933년 그는 당의 지령을 받고 독일에서 리처드라는
젊은 공산당원을 만난다. 1933년은 히틀러가 총리가 된 해다.
당연히 공산주의자에 대한 대대적인 탄압과 체포가 이어진
다. 이제 갓 열일곱 살이 된 리처드의 임신한 아내도 체포되
었다. 아내의 안전을 걱정하는 앳된 '혁명가'에게, 그러나 루
바쇼프는 출당을 선언한다. 독일 공산당의 어려운 상황을 사
실대로 알리는 유인물을 만들었다는 것이 그 이유다. 리처드
가 만든 유인물 내용이 진실이고 당에서 내려보낸 내용은 엉
터리라는 것은 아무런 변명도 되지 않는다. 당은 항상 옳기 때
문이다.

　더듬거리는 목소리로 "도, 동무, 저를 이, 이렇게 버리지 마,
마세요"라고 울먹이는 리처드를 버려둔 채 루바쇼프는 차갑
게 떠나버린다. 녹재국가에 상품을 수출하는 소련 공산당을
비판하던 또 다른 공산당원 로위도 비슷한 이유로 당에서 쫓
겨난다. 그는 루바쇼프를 만난 지 사흘 만에 목을 매달아 자살
한다. 자신의 비서이자 애인인 알로바가 당에 체포되어 처형
될 때도 루바쇼프는 냉정한 태도를 잃지 않는다. 그런 그에게
어느 날 밤 두 명의 남자가 찾아와서 문을 두드린다. 루바쇼프
도 마침내 숙청 대상이 된 것이다.

　루바쇼프의 혐의는 반혁명 조직과 동조해서 당의 지도자(시
대적 배경으로 볼 때 스탈린이 분명하지만 책에서는 이름이 명시되지 않

는다. '넘버원'으로 등장할 뿐이다. 그의 사진은 모든 벽에 걸려 있다)를 암살하려 했다는 것이다. 조사 초기에 루바쇼프는 이 말도 안 되는 혐의를 완강히 부인한다. 자신의 목숨보다 소중하게 여겨온 당을 배신하다니 얼마나 터무니없는 모욕인가. 혐의를 인정하면 사형만은 면하게 해주겠다는 제의도 거절한다. 그러나 조금씩 조금씩 이 혁명가는 무너져 내린다.

루바쇼프가 굴복하게 된 데는 육체적인 고난도 분명히 한몫을 한다. 예상과 달리 심한 고문을 당하지는 않지만, 물론 눈물을 멈추기 어려울 정도로 밝은 전등 아래서 하루에 한두 시간밖에 못 자면서 신문을 받는 것은 분명히 참기 힘든 고통이었을 것이다. 그러나 그로 하여금 모든 혐의를 자백하고 공개 법정에서 스스로 죄를 인정하게 한 결정적 요인은 자신의 신조였다. 당은 항상 옳아야 한다. 자신의 잘못을 인정하고 희생양이 되면 당에 대한 마지막 봉사를 할 수 있다. 그렇지 않고 혐의를 부인하면 평생 지켜온 가치를 잃게 되는 것이다. 루바쇼프는 아무런 대가도 없이 모든 죄를 인정하고 유죄판결을 받는다. 총살당하는 순간 그의 머릿속에 떠오르는 영상은 '넘버원'의 모습이다.

마지막까지 대의를 위해 희생한 루바쇼프는 과연 후회가 없었을까? 형장으로 끌려가기 직전 그는 지난 인생을 돌이킨다. 그는 당과 혁명을 위해서 40년 동안 투쟁을 했고 일생을 바쳤다. 그러나 과연 무엇을 위해서 죽는 것인지 스스로에게 물었을 때 그는 아무런 대답도 찾지 못한다.

대숙청 시기에 처형된 한 혁명가의 최후를 묘사한 이 소설은 단순히 사회주의 체제의 부조리를 지적하고 있지만은 않다. 이 책이 나오자마자 고전의 반열에 오르고 알베르 카뮈, 딜런 토머스, 장 폴 사르트르, 조지 오웰(그의 소설《1984》에 나오는 신문 장면은 이 책의 내용과 매우 유사하다) 등 당대의 지성들에게 깊은 영향을 준 것은 그런 단순한 이유에서가 아니다. 오히려 '옳은 길은 단 하나밖에 없기 때문에 그 외의 선택은 모두 틀리고, 잘못된 생각을 하면 제거되어야 한다'는 편협한 논리를 정면에서 비판하고 있기 때문이다. 루바쇼프는 자신의 편견을 지키기 위해서 죽어간 것이다.

천안함 사건, 교원노조 명단 공개 등 논란이 벌어질 때마다 우리 사회의 일각에서는 자신이 어느 편인지 밝혀야 하고 조금이라도 틀린 주장을 하면 엄벌에 처해야 한다는 주장이 나온다. 스탈린 시대의 대숙청과 비교할 수는 없다고 할지라도 자신과 다른 의견을 용납하지 못한다는 점에서는 역시 비판의 대상이라고 하지 않을 수 없다. 사르트르는 이 책을 읽고 "나의 관점이 당신의 관점보다 뛰어난 것이라고 단정할 수는 없습니다. 반대로 당신의 주장이 절대로 옳다고 할 수도 없습니다"라는 말을 했다고 한다. 다양성을 인정하지 않는 사회는 그

것이 좌우 어느 형태를 취하는지에 관계없이 전제주의로 나아가게 된다. 루바쇼프를 비롯한 수많은 사람이 '당을 위한 마지막 봉사'를 했음에도(부하린과 지노비예프 등도 혐의를 자백했다) 스탈린 체제가 성공하지 못한 것은 바로 그런 이유 때문이다. 모든 사람이 똑같은 생각을 해야 한다고 강요하는 사회는 결코 건강한 사회가 아니다.

후 기

어릴 때, 언젠가 누군가로부터 미안하다는 말을 듣고 싶었다.

네 개의 보기 중 하나를 선택할 것을 강요하는 시험을 치르면서, 교칙을 위반하는 학생을 쉽게 적발하기 위해서는 머리카락 길이를 규제해야 한다는 신문 사설을 읽으면서, "다 너희 잘 되라고 때리는 거란다"라는 선생님의 설명을 들으면서 느꼈던 모순에 대해서 언젠가는 납득할 만한 설명을 들었으면 했다.

교과서에 '자유'라는 단어가 나올 때마다 마치 조금이라도 틈을 주면 큰일 난다는 듯이 '자유는 좋지만 방종은 허용될 수 없다'는 설명이 꼭 따라 나오는 것을 보면서, 수업시간에 공산주의에 대한 내용이 나올 때마다 심지어 대학에서 교양과목으로 듣는 윤리시간에마저 공산주의 자체에 대한 설명은 없고 '공산주의 비판'만 나오는 것을 보면서, 이건 좀 앞뒤가 안 맞는 것 아닐까 하는 의문이 들었다. 그런 답답한 마음을 누군가는 풀어줬으면 했다.

그 일들에 대해 설명이 불가능하다면 당연히 누군가 나에게 사과를 해야 하는 것이 아닌가 싶었다. 한쪽만을 쳐다보고 자라야 했던 일에 대해 책임을 지는 사람이 있어야 하는 것 아닌가 생각했다.

성인이 된 이제, 나는 자라나는 세대에게 미안해할 필요가 없는지 질문을 하게 된다. 우리 사회에서 민감한 문제에 대해 충분히 토론이 이루어지는지. 누구나 아무런 걱정 없이 자신 있게 스스로의 생각을 표현할 수 있는지.

그 질문으로부터 조금이라도 자유로워지기 위해서 이 책을 썼다. 세상에 정답은 하나만 있는 것이 아니다. 우리가 사는 세계는 그렇게 단순하지 않다. 조르다노 브루노가 말했듯이 다수가 믿는다고 해서, 혹은 다수가 믿지 않는다고 해서 진실이 변하는 것도 아니다. 논리와 통찰로 무장한 채 거리낌 없이 답을 찾아나가는 데 여기에 적힌 글들이 작은 격려가 되기를 바란다.

이 책에서 소개한 작품들

1 악마의 종족은 따로 있는가 ─────────

| 흉악범에 대한 사형은 정당한가 |

- 존 그리샴(John Grisham), 정영목 옮김, 《가스실》(The Chamber, 1994), 1995/2004, 시공사

• 스티븐 킹(Stephen King), 김승욱 옮김, 《그린 마일》(Green Mile, 1996), 2004, 황금가지

• 공지영, 《우리들의 행복한 시간》, 2005/2010, 푸른숲/오픈하우스

| 거세하면 성범죄가 사라지는가 |

- 앤서니 버지스(Anthony Burgess), 박시영 옮김, 《시계태엽 오렌지》(A Clockwork Orange, 1962), 2005, 민음사

| 아동성폭행범의 맨얼굴 |

- A. M. 홈스(A. M. Homes), 《앨리스의 최후》(The End of Alice), 1996, Scribner

| 연쇄살인범에게도 관용이 필요한가 |

- 앤 룰(Ann Rule), 《내 옆의 이방인》(The stranger beside me), 2000, W. W. Norton & Company

- 〈양들의 침묵〉(The Silence of the Lambs, 1991), 조나단 드미(Jonathan Demme) 감독
- 도리스 레싱(Doris Lessing), 정덕애 옮김, 《다섯째 아이》(The Fifth Child, 1988), 1999, 민음사

| 가끔은 변호사도 침을 뱉고 싶다 |
- 조이스 캐럴 오츠(Joyce Carol Oates), 《강간, 사랑 이야기》(Rape: A Love Story), 2004, Da Capo Press

| "다 잘되라고 때리는 거란다" |
- 페터 회(Peter Høeg), 박현주 옮김, 《경계에 선 아이들》(De maske egnede, 1993), 2009, 뿔

| 맞으면서 크는 아이 |
- 윌리엄 골딩(William Golding), 유종호 옮김, 《파리대왕》(Lord of the Flies, 1954), 1999, 민음사 (외)

제2부 딜레마에 빠진 법정 ─────────────

| 자백, 정말 믿을 수 있을까 |
- 존 그리샴(John Grisham), 신윤경 옮김, 《고백》(The Confession, 2010), 2011, 문학수첩

| 혁명은 되고, 살인은 안 되는가 |
- 아라빈드 아디가(Aravind Adiga), 권기대 옮김, 《화이트 타이거》(The White Tiger, 2008), 2009, 베가북스
- 조지 오웰(George Orwell), 신창용 옮김, 《파리와 런던의 밑바닥 생활》(Down and Out in Paris and London, 1933), 2003/2008, 삼우반

| 복수는 법의 것? |

- **너새니얼 호손(Nathaniel Hawthorne), 김욱동 옮김, 《주홍 글자》(The Scarlet Letter, 1850), 2007, 민음사 (외)**

• 김용원, 《브레이크 없는 벤츠》, 1993, 예하출판
• 박현욱, 《아내가 결혼했다》, 2006, 문이당
• 로버트 A. 하인라인(Robert Anson Heinlein), 안정희 옮김, 《달은 무자비한 밤의 여왕》(The Moon is a Harsh Mistress, 1966), 2009, 황금가지

| 나는 나를 파괴할 권리가 있는가 |

- **제스 월터(Jess Walter), 오세원 옮김, 《시인들의 고군분투 생활기》(The Financial Lives of Poets, 2009), 2011, 바다출판사**

• 레몽 라디게(Raymond Radiguet), 양진성 옮김, 《육체의 악마》(Le Diable au corps, 1923), 2007, 문파랑 (외)
• 제임스 A. 미치너(James Albert Michener), 이종인 옮김, 《작가는 왜 쓰는가》(Literary Reflections, 1993), 2008, 예담
• 프랑수아즈 사강(Françoise Sagan), 이정림 옮김, 《슬픔이여 안녕》(Bonjour Tristesse), 1999, 범우사 (외)
• 김영하, 《나는 나를 파괴할 권리가 있다》, 2002/2010, 문학동네

| 품 안의 자식과 성인의 기준 |

- **로맹 가리(Romain Gary), 심민화 옮김, 《새벽의 약속》(La promesse de l'aube, 1960), 2007, 문학과지성사**

• 《시리어스 맨》(A Serious Man, 2009), 에단 코엔(Ethan Coen)·조엘 코엔(Joel Coen) 감독

| 성매매특별법을 위한 변론 |

- **가즈오 이시구로(Kazuo Ishiguro), 김남주 옮김, 《나를 보내지 마》(Never Let Me Go, 2005), 2009, 민음사**

제3부 확신의 순간에 빠지는 함정 ──────

|나는 나를 증명해야 하는가|

- 에밀 아자르(Emile Ajar), 용경식 옮김, 《자기 앞의 생》(La vie devant soi, 1975), 2003, 문학동네 (외)
- 로맹 가리(Romain Gary), 《에밀 아자르의 삶과 죽음》(Vie et mort d'mile Ajar, 1981)

|음란함을 정하는 기준|

- 장정일, 《내게 거짓말을 해봐》, 1996, 김영사
- 이탈로 칼비노(Italo Calvino), 이소연 옮김, 《왜 고전을 읽는가》(Perche Leggere I Classici?, 1991), 2008, 민음사
- 제임스 조이스(James Joyce), 김종건 옮김, 《율리시스》(Ulysses, 1922), 2007, 생각의 나무 (외)

|신은 왜 여자를 대머리로 만들지 않았나|

- 마르잔 사트라피(Marjane Satrapi), 김대중 옮김, 《페르세폴리스 1》 (Persepolis: The Story of a Childhood, 2004), 2005, 새만화책
- 마르잔 사트라피(Marjane Satrapi), 최주현 옮김, 《페르세폴리스 2》 (Persepolis 2: The Story of a Return, 2005), 2008, 새만화책

|결함 있는 생명?|

- 조디 피콜트(Jodi Picoult), 곽영미 옮김, 《쌍둥이별: 마이 시스터즈 키퍼》 (My Sister's Keeper, 2004), 2008, 이레

|과학은 정답일까|

- 마이클 크라이튼, 김진준 옮김, 《공포의 제국》(전 2권)(State of Fear, 2004), 2008, 김영사
- 프레드 싱거(Fred Singer) · 데니스 에이버리(Dennis Avery), 김민정 옮김, 《지구온난화에 속지 마라》(Unstoppable Global Warning, 2008), 2009, 동아시아
- 로이 W. 스펜서(Roy W. Spencer), 이순희 옮김, 《기후 커넥션》(Climate Confusion,

2008), 2008, 비아북

| 전능하신 신의 이름으로 |
- 살만 루슈디(Salman Rushdie), 김진준 옮김, 《악마의 시》(The Satanic Verses, 1988), 2001/2009(상) 2010(하), 문학세계사

제 4 부 국 가 와 정 의 라 는 알 리 바 이 ─────

| 그것이 지금 할 수 있는 일의 전부인가 |
- 베른하르트 슐링크(Bernhard Schlink), 김재혁 옮김, 《더 리더: 책 읽어주는 남자》(Der Vorleser, 1995), 2004, 이레

| 반역자의 아들이 사는 법 |
- E. L. 닥터로(E. L. Doctorow), 정상준 옮김, 《다니엘서》(The Book of Daniel, 1971), 2010, 문학동네

| 유신의 추억 |
- 주노 디아스(Junot Diaz), 권상미 옮김, 《오스카 와오의 짧고 놀라운 삶》(The Brief Wondrous Life of Oscar Wao, 2007), 2008, 문학동네
• 마리오 바르가스 요사(Mario Vargas Llosa), 송병선 옮김, 《염소의 축제》(La Fiesta del Chivo, 2000), 2010, 문학동네

| 음모론 대 극론통일 |
- 돈 드릴로(Don DeLillo), 정회성 옮김, 《리브라: JFK 암살범에 관한 기록》(Libra, 1998), 2009, 창비
• 팻 콘로이(Pat Conroy), 최복선 옮김, 《사랑과 추억》(The Prince of Tides, 1986), 1992, 고려원
• 쑹훙빙(宋鴻兵), 차혜정 옮김, 《화폐전쟁》, 2008, 랜덤하우스코리아
• 짐 말스(Jim Marrs), 《크로스파이어》(Crossfire: The Plot that killed Kennedy), 1989, Carroll & Graf Pub

- 제럴드 포스너(Gerald Posner), 《사건 종결》(Case Closed), 1993, Random House
- 빈센트 불리오시(Vincent Bugliosi), 《역사 바로 세우기》(Reclaiming History), 2007, W. W. Norton & Company

| 모든 전쟁은 범죄다 |

- 조지프 헬러(Joseph Heller), 안정효 옮김, 《캐치-22》(Catch-22, 1996), 2008, 민음사
- 《웨스트윙》(The West Wing, 1999~2006), 미국 NBC 방송, 아론 소킨(Aaron Sorkin) 제작

| 테러범에겐 법정이 필요 없다? |

- 살만 루슈디(Salman Rushdie), 송은주 옮김, 《광대 샬리마르》(Shalimar the Clown, 2005), 2010, 문학동네

| 너는 어느 편이냐고 묻는 자들에게 |

- 아서 쾨슬러(Arthur Koestler), 문광훈 옮김, 《한낮의 어둠》(Darkness at Noon, 1940), 2010, 후마니타스

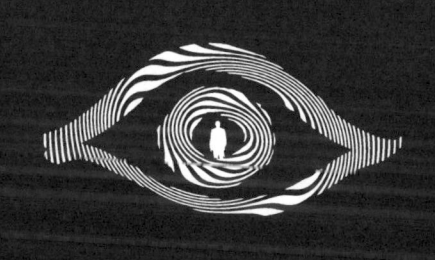

확신의 함정

© 금태섭 2011

초판 1쇄 발행 2011년 6월 28일
초판 11쇄 발행 2020년 1월 10일

지은이 금태섭
펴낸이 이상훈
편집인 김수영
본부장 정진항
편집1팀 고우리 김단희
마케팅 조재성 천용호 박신영 조은별 노유리
경영지원 정혜진 이송이

펴낸곳 한겨레출판(주) www.hanibook.co.kr
등록 2006년 1월 4일 제313-2006-00003호
주소 서울시 마포구 창전로 70(신수동) 화수목빌딩 5층
전화 02-6383-1602~3 **팩스** 02-6383-1610
대표메일 book@hanibook.co.kr

ISBN 978-89-8431-476-4 03360

· 값은 뒤표지에 있습니다.
· 파본은 구입하신 서점에서 바꾸어 드립니다.